U0854361

汉语辅音范畴的第二语言习得研究

梅　丽◎著

暨南大學出版社
JINAN UNIVERSITY PRESS
中国·广州

图书在版编目（CIP）数据

汉语辅音范畴的第二语言习得研究/梅丽著．—广州：暨南大学出版社，2013.6

ISBN 978-7-5668-0608-6

Ⅰ.①汉… Ⅱ.①梅… Ⅲ.①汉语—辅音—对外汉语教学—教学研究 Ⅳ.①H195.3

中国版本图书馆 CIP 数据核字(2013)第 119500 号

出版发行：暨南大学出版社

地　址：中国广州暨南大学
电　话：总编室（8620）85221601
　　　　营销部（8620）85225284　85228291　85228292（邮购）
传　真：（8620）85221583（办公室）　85223774（营销部）
邮　编：510630
网　址：http://www.jnupress.com　http://press.jnu.edu.cn

排　版：广州市天河星辰文化发展部照排中心
印　刷：佛山市浩文彩色印刷有限公司

开　本：890mm×1240mm　1/32
印　张：6.375
字　数：166 千
版　次：2013 年 6 月第 1 版
印　次：2013 年 6 月第 1 次

定　价：20.00 元

（暨大版图书如有印装质量问题，请与出版社总编室联系调换）

目 录

1　辅音范畴的第一语言习得研究

1.1　第一语言辅音范畴知觉研究

1.1.1　辅音范畴性知觉

语音的数量，从物理学的角度来看是无限之多的。从发音的角度来看，例如从/u/到/o/，舌头发音是连续的，期间有无数过渡元音；从共振峰的角度来看，例如从/u/到/o/，测量共振峰F_1、F_2、F_3等也是连续的。但是从人类各种语言的元音、辅音总量来看，数量则有限，多则几十个，少则十几个。当描述一种语言的元音有多少个、辅音有多少个时，实际上是把无限数量的元音和辅音归纳成有限数量的音位范畴。范畴是音位学最基本的概念。

成人对母语辅音的知觉表现为“范畴性知觉”（categorical perception）。所谓“范畴性知觉”，指的是一种离散的、非连续性的现象，无限数量的辅音被知觉为有限数量的范畴，成人对不同辅音范畴之间差异的区分，好于对同一辅音范畴之内差异的区分。

Liberman et al. （1957）用心理实验的方法考察了成人对母语辅音的知觉，主要探讨的问题是“具有相似声学差异的两个声音刺激，当两个声音刺激分处在音位边界的两侧，或者两个声音刺激来自同一个音位范畴，听者对前者的区分好于后者”①。研究先用辨认测试确定每个声音刺激所属音位，然后用区分测试考察听者对两两声音刺激之间的区分。辨认测试是区分测试的基础，区分测试是研究的核心。

研究用合成器生成了14个声音刺激，这些声音刺激都是由两个共振峰所表征的辅音和元音组成的音节。从稳定段部分来看，第一共振峰的中心在360Hz，第二共振峰的中心在2 160Hz。14个声音刺激的差异仅表现为第二共振峰从辅音到元音的过渡方向和过渡程度有所不同，声音刺激1的第二共振峰从低于稳定段840Hz处上升，声音刺激14的第二共振峰从高于稳定段720Hz处下降。这些声音刺激沿着此声学维度均匀变化，两两之间的步长（step）差异为120Hz，这样构成一组声音刺激连续体（见图1-1）。

研究首先做了辨认测试（the labeling part of the experiment）。将14个声音刺激一个个地放给成人听者（英语母语者）听，让其判断所听到的是/b/、是/d/，还是/g/。研究选取了一位听者的辨认结果进行了分析（见图1-2中的左上图）：听者将声音刺激1/2/3辨认为/b/，将声音刺激5/6/7/8/9辨认为/d/，将声音刺激11/12/13/14辨认为/g/。从听者的一种辨认结果到另一种辨认结果，其变化是突然的，表明这位听者的音位边界陡峭而稳定。虽然从声音刺激1到14，声学参数均匀变化，每两两声音刺激之间的步长差异相同，但是这些声音刺激给听者的印象却是间断而不是连续的，知觉的间断只发生在某一两个刺激之间，而其余的声音刺激则是这个或那个音节的清晰声音。辨认曲线在/b/

① "whether or not, with similar acoustic differences, a listener can better discriminate between sounds that lie on opposite sides of a phoneme boundary than he can between sounds that fall within the same phoneme category." Liberman, A. M., Harris, K. S., Hoffman, H. S. & Griffith, B. C. The discrimination of speech sounds within and across phoneme boundaries. *Journal of Experimental Psychology*, 1957, Vol. 54, pp. 358-368.

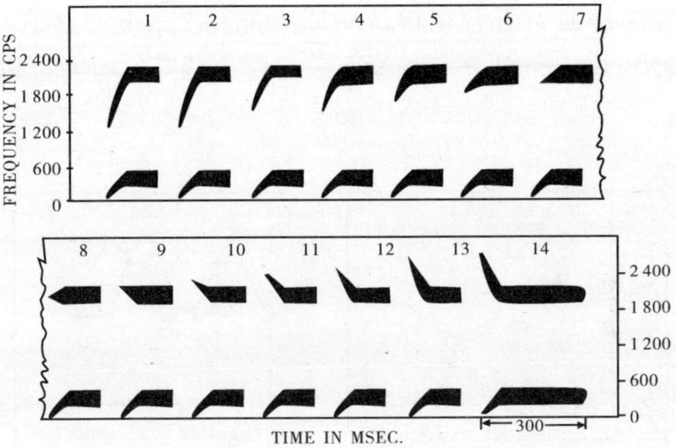

图 1-1　Liberman et al.（1957）实验所合成的 14 个声音刺激①

与/d/、/d/与/g/的交界处比较陡峭，可以认为两个交界处分别是/b/与/d/、/d/与/g/的音位分界线。

研究接着做了区分测试（discrimination test by the ABX procedure）。每三个声音刺激 A/B/X 为一组放给听者听，其中 A、B 不同，X 或者与 A 相同，或者与 B 相同。听者听完三个声音刺激 A/B/X 后，须判断 X 是与 A 相同还是与 B 相同。研究选取了一名听者的区分结果进行了分析（见图 1-2）。图 1-2 的右上图中，A、B 两个声音刺激的差异为两个步长（240Hz），听者一共对 12 对声音刺激（刺激 1-3、2-4、3-5、4-6、5-7、6-8、7-9、8-10、9-11、10-12、11-13、12-14）进行了区分。实际的区分曲线显示，听者对刺激 1-刺激 3 的区分正确率为 55%，研究认为这是因为听者在辨认测试中把刺激 1 与刺激 3 都辨认为/b/；听者对刺激 3-刺激 5 的区分正确率达到了 100%，

① 该图引自 Liberman, A. M., Harris, K. S., Hoffman, H. S. & Griffith, B. C. The discrimination of speech sounds within and across phoneme boundaries. *Journal of Experimental Psychology*, 1957, Vol. 54, pp. 358-368.

研究认为这是因为听者在辨认测试中把刺激 3 辨认为/b/，把刺激 5 辨认为/d/，刺激 3 与刺激 5 来自两个范畴，听者可以很好地区分。

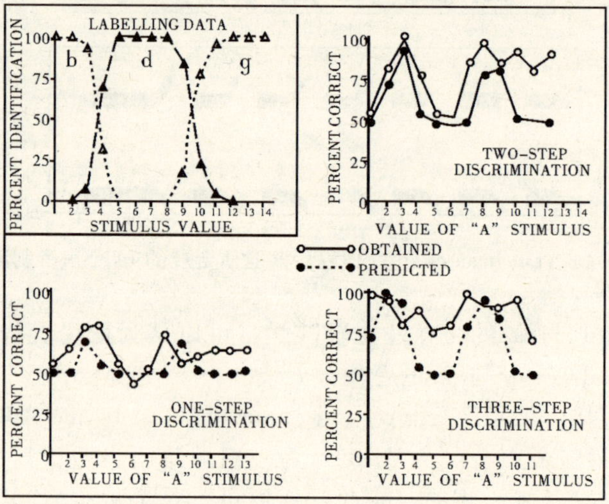

图 1－2　Liberman et al.（1957）实验中一位成人听者的辨认测试数据和区分测试数据①

（其中左上小图为辨认测试数据，其他三个小图为区分测试数据。区分测试数据图中的两条曲线，区分曲线“○—○”是根据实验实际区分数据得出，区分曲线“●—●”是根据辨认测试数据预测得出。）

① 该图引自 Liberman, A. M., Harris, K. S., Hoffman, H. S. & Griffith, B. C. The discrimination of speech sounds within and across phoneme boundaries. *Journal of Experimental Psychology*, 1957, Vol. 54, pp. 358－368.

研究着重分析了一位成人听者的辨认测试数据与区分测试数据的关系之后，又选取了其他一些成人听者的区分测试数据进行分析，发现不同听者之间存在个体差异。研究通过对听者个体的分析，认为："成人听者对位于音位边界两侧的声音刺激的区分，好于对处于同一音位范畴的声音刺激的区分。也就是说，具有相同声学差异的言语声音，当听者常将两个音放入两个不同音位，或者听者常常将它们归入同一个音位，那么听者对前者的区分好于后者。"（Liberman et al.，1957）

Liberman et al.（1957）的研究假设在一定程度上得到了实验证实。但是我们也要看到，在区分测试中听者对同一音位范畴内声音刺激的区分并不像预测的那样差，区分正确率并不都是在50%左右的机遇水平。例如图1－2的右上图中，听者对具有两个步长（240Hz）声学差异的刺激11－刺激13、刺激12－刺激14的区分正确率都在75%以上，虽然该听者在辨认测试中将刺激11/13、12/14都辨认为/g/。图1－2的左下图中，听者对具有一个步长（120Hz）声学差异的刺激11－刺激12、刺激12－刺激13、刺激13－刺激14的区分正确率都接近75%，虽然该听者将刺激11/12/13/14都辨认为/g/。图1－2右下图中，听者对具有三个步长（360Hz）声学差异的刺激对立的区分正确率大多数都在75%以上，虽然根据辨认测试的结果预测听者对刺激4－刺激7、刺激5－刺激8、刺激6－刺激9的区分正确率约在50%的机遇水平，因为听者将这些声音刺激都辨认为同一个音位，但实际的区分正确率却都在75%以上。这些结果说明，听者对范畴内差异也具有一定区分能力，只是当与范畴间区分相比时则显得差些。如果我们仅认为"只有当听者将言语声音辨认为不同音位范畴的声音时，他们才能将其区分开，否则就不能区分"，那就过于绝对了。

成人对辅音的范畴性知觉，与颜色的范畴性知觉具有很多相似之处。Bornstein et al.（1976）的颜色知觉研究中，黄和蓝是来自不同范畴的两种颜色，深绿和浅绿是来自同一范畴的两种颜色。在色轮上选取的黄、蓝之间的距离与深绿、浅绿之间的距离相等，结果发现判断者对黄、蓝的辨别速度，快于对深绿、浅绿的辨别速度，表现出典型的范畴知觉效应。

汉语辅音范畴性知觉研究中，王韫佳和上官雪娜（2004）利用辨认测试考察了汉语母语者对送气特征的范畴感知情况。实验利用 Klatt 合成器合成两组声音刺激：一组声音刺激为阴平音节，包括/pa^{55}/到/$p^{h}a^{55}$/的连续体 20 个；另一组声音刺激为阳平音节，包括/pa^{35}/到/$p^{h}a^{35}$/的连续体 20 个。一个连续体内不同的声音刺激之间只在嗓音起始时间（voice onset time，VOT）上存在差异，VOT 值差值的步长为 3ms。声音刺激随机排序，逐个地放给参加实验的人听。20 名汉语母语者（北京人，大学生）需要对听到的每个声音刺激进行二择一的选择，判断所听到音节的声母是否送气。实验结果表明，在阴平条件下当 VOT 值在前 24ms 时，汉语母语者的辨认曲线表现为阶段性的突变。研究对于送气范畴界限的确定，选取了送气音的辨认百分比达到 50% 时的 VOT 值为不送气音与送气音的边界，由此得到阴平条件下汉语母语者的不送气音与送气音的边界处 VOT 值约为 20ms，阳平条件下汉语母语者的不送气音与送气音的边界处 VOT 值约为 17ms。由于研究的主要目的是考察日语母语者对汉语送气特征的范畴感知，汉语母语者只是作为对照组考察而不是研究的重点，因此研究做了辨认测试而没有做区分测试，对汉语不送气音与送气音的音位边界处 VOT 值只作出了初步探察。

对汉语辅音范畴性知觉作出比较全面考察的是席洁等（2009）的研究。实验采用辨认测试和区分测试，考察了以汉语为母语的成人对送气特征的范畴感知。研究者利用 Klatt 合成器合成一组声音刺激，这些刺激构成了/pa^{35}/到/$p^{h}a^{35}$/的连续体 10

个。连续体内不同的声音刺激之间只在嗓音起始时间（VOT）上存在差异，VOT 值差值的步长为 10ms，第 1 个声音刺激 s1 的 VOT 值为 0ms，第 10 个声音刺激 s10 的 VOT 值为 90ms。研究首先做了辨认测试，参加者需要判断所听到的每个声音刺激“是 bá 还是 pá”；接着做了区分测试，参加者需要认真听先后呈现的两个声音刺激，然后判断这两个声音刺激是否相同。成对呈现的声音刺激有三类：两个声音刺激在 VOT 值上的差异为 10ms；两个声音刺激在 VOT 值上的差异为 20ms；两个声音刺激在 VOT 值上的差异为 30ms。辨认测试结果（见图 1－3）表明，当声音刺激的 VOT 值在 40～50ms 时，辨认曲线的斜率出现了突变，说明听者对送气辅音的识别率有了显著提高。研究观察辨认曲线中识别正确率为 50% 的刺激序列，推断送气和不送气辅音的边界大约在 45ms 左右。区分测试结果（见图 1－4）表明，听者对 VOT 差值为 20ms 的刺激对的辨别中，s2－s4、s3－s5、s4－s6、s5－s7 几个刺激对的分辨率显著高于 s1－s3、s6－s8、s7－s9、s8－s10 的分辨率。研究者认为，前三个刺激对中的两个声音刺激跨范畴边界，分属不同范畴，因而分辨率较高；后面的这些刺激对中的两个声音刺激，来自同一个范畴内部，所以不易分辨它们之间的差异。

从席洁等（2009）的实验结果来看，我们认为值得探讨的问题有两个：第一，实验结果中出现了范畴内区分正确率达到区分曲线高峰的现象。听者对 s2－s4 的区分正确率达到了区分曲线高峰，对 s3－s5 的区分正确率也仅次于高峰（见图 1－4）。虽然研究者把 s2－s4、s3－s5 都看作范畴间区分，不过我们认为 s2－s4、s3－s5 都还是范畴内区分，因为听者把 s2、s4、s3、s5 这四个声音刺激都辨认为“bá”（见图 1－3）。第二，范畴间区分正确率只比机遇水平高一点。研究认为 s4－s6、s5－s7 是范畴间区分，但是这两个刺激对的区分正确率只比机遇水平 50% 高一点（不到60%），这样的区分正确率能否说明听者可以很好地区分开范畴间差异呢？在 Liberman et al.（1957）的研究中，当听者的区分正确率在75%及以上时则被认为是区分得好，而区分正确率在机遇水平（50%）则表明区分不了。以此为依据，我们是否可以认为此实验中的听者对范畴间差异“区分得不好”或者“区分不了”？综合上述两个方面，我们认为本文探讨的“汉语送气特征的范畴性知觉”这个问题实质上比较复杂，实验结果中既出现了“范畴间区分好于范畴内区分”的情况（s4－s6、s5－s7的区分正确率显著高于 s6－s8、s7－s9、s8－s10），也出现了“范畴内区分和范畴间区分无统计差异”的情况（s2－s4、s3－s5的区分正确率与 s4－s6、s5－s7 的无显著差异）。因此，对于“汉语送气特征的知觉是否为范畴性知觉，是否是范畴间区分好于范畴内区分”，可能还需要采用实证研究作进一步的探讨。

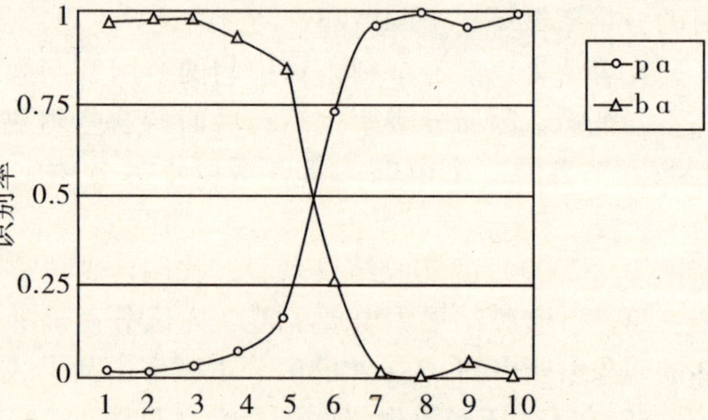

图 1－3　辨认曲线①

---

① 该图引自席洁、姜薇、张林军、舒华：《汉语语音范畴性知觉及其发展》，《心理学报》2009 年第 7 期，略有改动。

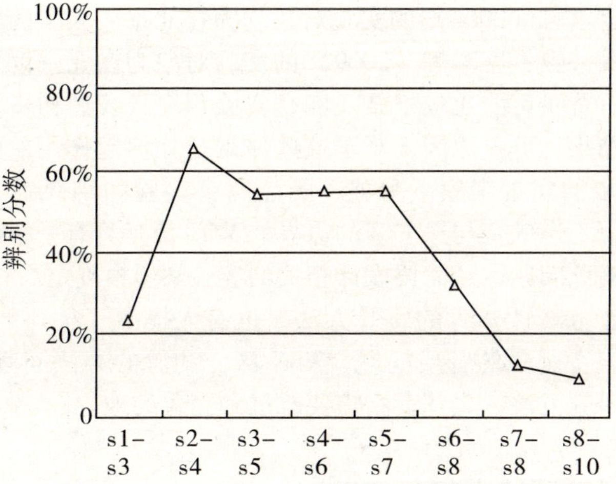

a　　**图 1-4　区分曲线（刺激对的 VOT 差值为 20ms）**①

比较王韫佳和上官雪娜（2004）、席洁等（2009）的研究结果发现，有一个需要探讨的问题是：两个研究得到的汉语不送气音与送气音的边界处 VOT 值不一样，并且差异很大。王韫佳和上官雪娜（2004）根据/pa^{35}/到/$p^{h}a^{35}$/的连续体得到的汉语不送气音与送气音的边界处 VOT 值约为 17ms，席洁等（2009）根据/pa^{35}/到/$p^{h}a^{35}$/的连续体得到的汉语不送气音与送气音的边界处 VOT 值为 45ms 左右。是什么原因造成这样大的差异？两个研究的比较分析表明，造成差异可能有四个方面的原因：一是合成声音刺激的音质。二是声音刺激连续体在 VOT 值上的差异（步长）。王韫佳和上官雪娜（2004）合成的声音刺激连续体在 VOT 上的差值（步长）为 3ms，席洁等（2009）合成的声音刺激连续体在 VOT 上的差值（步长）为 10ms。三是实验对象的方言背景。

① 该图引自席洁、姜薇、张林军、舒华：《汉语语音范畴性知觉及其发展》，《心理学报》2009 年第 7 期。

王韫佳和上官雪娜（2004）的实验对象均为在北京读大学的北京人，方言背景一致；席洁等（2009）的实验对象为在北京读书的大学生，方言背景可能比较复杂。四是实验程序。我们初步提出了影响实验结果的可能原因，至于这些原因是如何起作用的，则还需要进一步的实证考察。另外，既然两个实验的结果存在差异，那么汉语不送气音与送气音的边界处 VOT 值是否有一个确定的值？要明确此问题，还需要设计相关的实验来考察确定。

针对语音范畴性知觉的实验方法，也有人提出了批评意见。例如合成的声音刺激的音质问题、ABX 区分测验的方法问题等。这些实验室研究方法，也都存在需要改进和完善的地方。

1.1.2　辅音知觉特征加工

有关辅音知觉的特征加工研究表明，在特定语言中，可以通过语言特征的描述来区分辅音。例如，音位/p/就可根据其嗓音、发音部位、发音方法描述为清双唇塞辅音。音位的音系表征是由多个特征赋值（feature specification）构成，这些特征与音位的声学现实或发音现实相关。语言特征可以将声音“自然分类”，其中就蕴涵了音系规则。语言特征与言语声音心理表征的关系如何，研究者通过觉察错误发音（detection of mispronunciation）、相似度测量（similarity scaling）、双耳分听（dichotic listening）、辅音混淆（consonant confusions）等实验对此进行了考察，探讨语言特征在言语知觉中的作用，概括起来有以下五个方面：

（1）当只有一个特征改变时，觉察错误发音的敏感度最小。这意味着，音位的特征赋值不仅是一个有用的语言学描述，它还会影响词的识别加工。

Cole（1973）利用觉察错误发音考察了特征加工的心理现实性。45 个被试需要觉察一段录音中的错误发音，错误发音是通过改变这段话中某个三音节词中某个辅音的一个、两个或三个特征制作而成，一共有45个。这些错误发音中有三分之一位于第一个音节的首音位置，另有三分之二的错误发音平均分配到第二、第三个音节的音节尾位置。实验结果表明，词识别中包含了特征加工。只改变一个特征的错误发音只有30%被觉察出来，而改变两、三个特征的错误发音分别有60%和70%被觉察出来。这就为辅音的心理现实性提供了证据，表明在特征差异的数量和知觉差异的大小之间存在相关性。

（2）相似度测量的研究表明，对言语声音的相似性判断直接与共享特征（feature sharing）有关。两个刺激共同具有的特征越多，它们就会被知觉为更相似。在相似性判断中，某些特征（如发音方法）似乎比其他特征携带了更多的知觉权重，说明这些特征对知觉系统来说可能更凸显（Peters，1963）。

（3）双耳分听的实验结果显示，辅音的加工以区别特征为基础。混合错误（blend errors）的出现，特别有力地证明了特征的抽取是独立的。

Studdert－Kennedy & Shankweiler（1970）的实验是最早通过双耳分听来考察特征加工的研究之一。他们研究了起始辅音和结尾辅音（清和浊）知觉中的双耳效应。通过双耳呈现给被试有竞争性的无意义CVC刺激，并要求被试确定两耳中的刺激。所有被试在辅音上都显示出右耳优势，研究也证明特征抽取是独立的。

（4）辅音再认/混淆的研究进一步证明，在言语声音的知觉中包含着特征加工。混淆模式的一致性表明，特征交互作用可以预测，这意味着特征之间存在相互依存、相互依赖的关系，尽管来自双耳分听、信息传递的数据都表明特征加工是独立的（Dubno & Levitt，1981；Gelfand et al.，1985）。

（5）选择性实验的结果显示，语音区别特征可以在生物层面找到证据。研究首先根据嗓音起始时间（VOT）确定了以英语为母语的成人听者的/p/和/b/、/t/和/d/的音位边界，然后针对这些听者，再以/p/、/t/对他们的听觉加强刺激，最后利用嗓音起始时间再次探察这群听者的/p/和/b/、/t/和/d/的音位边界。结果发现，听者的音位边界发生了移动，第一次测出的/p/和/b/音位边界向着/b/的方向移动，/t/和/d/音位边界向着/d/的方向移动（Eimas & Corbit，1973）。特征觉察器的发现是语音区别性特征在生物层面上的证明。语音的每一对区别性特征在听觉通道中都有专门的神经来管理。在强烈的声音刺激下，专司管理的神经过于疲劳，因而就不那么敏感了，使其跟对立体之间的音位边界发生移动。人类知觉系统中存在着把复杂的语音信号分解成各个特征的觉察器。

汉语辅音的知觉特征，也是汉语言语知觉的重要内容。已经有不少人研究了辅音的知觉结构，并与语音的区别特征系统相比较。对于汉语，在语音学上既有传统音韵学提供的分类系统，又有近代语音学的分类系统。哪种分类方法更适合汉语本身特点？如何把它们统一起来？张家騄等（1981）采用心理物理试验，通过多维标度（Multidimensional Scaling）统计方法，对汉语辅音的知觉混淆矩阵进行分析，建立起了汉语辅音知觉结构（见图1－5）。结果表明，表征汉语辅音的知觉空间不得少于三维。一个三维空间具有四个特征：第一维代表清—浊。第二维代表送气—不送气（或长—短）。而在送气音或长音中，送气的清塞音和塞擦音构成一团，摩擦音构成另一团，由此表明还存在着另一特征即摩擦—非摩擦。第三维代表发音部位。研究还进一步探索了不同知觉特征的相对重要性，发现汉语辅音主要知觉特征的位次是：清—浊，送气—不送气，摩擦—非摩擦，部位（前、中、后）。研究所获得的辅音知觉结构与传统音韵学的区别特征系统甚为相近。

杨玉芳（1991）对普通话辅音特征知觉的两耳优势进行了研究。特征识别率的分析表明，右耳对清—浊、送气—不送气、发音部位这三个语音特征的识别能力都高于左耳。两耳区分清浊的能力最强，区分发音部位的能力最弱。结构指数的分析也表明两耳识别部位特征的能力最弱，但没有表明两耳在特征识别上的差异。这一结果与其他研究者所做的行为和电生理研究结论不一致，他们的结构指数分析发现，右耳善于辨别发音部位，左耳善于区分清浊。

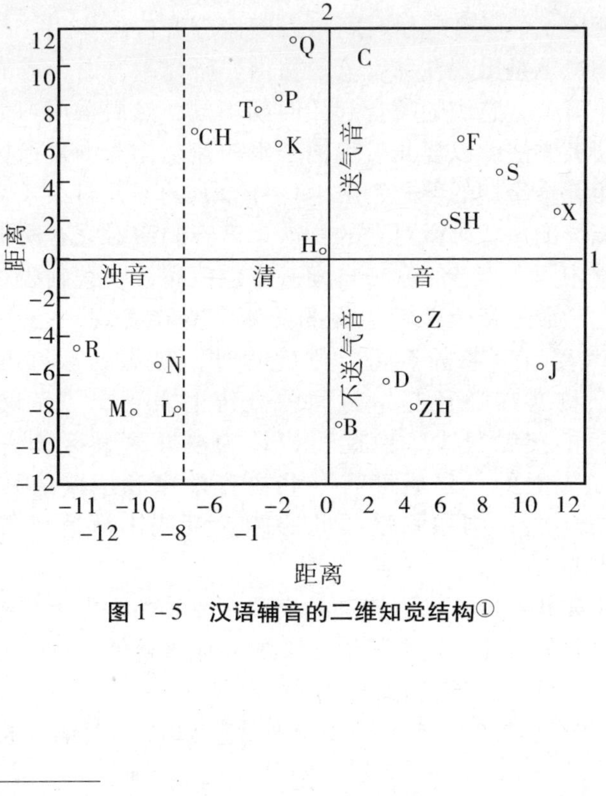

图 1-5　汉语辅音的二维知觉结构①

① 该图引自张家騄、齐士钤、吕士楠：《汉语辅音知觉结构初探》，《心理学报》1981 年第 1 期。

1.1.3 第一语言辅音知觉及其发展

1.1.3.1 婴幼儿辅音范畴性知觉

既然成人对母语辅音的知觉表现出范畴性，那么音位范畴的边界是先天具备的，还是后天形成的？

Eimas et al.（1971）针对此问题进行了探索，考察了嗓音起始时间里的音位边界问题。尽管不同语言里的嗓音起始时间的情况各不相同，但嗓音起始时间可以起区分音位的作用，其起区别作用的信息总是出现在一定范围之内。研究用言语合成的办法合成了几个音节，它们的嗓音起始时间不同，然后采用习惯化—去习惯化研究方法，以婴儿吸吮橘子水的速度作为测量指标，考察了刚出生几个星期的婴儿、出生3～4个月的婴儿对在嗓音起始时间上有差异的声音刺激对立的辨认。声音刺激对立有两类，一类刺激对立中两个声音刺激来自同一音位范畴，一类刺激对立中两个声音刺激分处音位范畴边界的两侧。实验发现，当刺激对立中两个声音刺激来自不同音位范畴时，婴儿更容易表现出分辨模式。婴儿在嗓音起始时间的分辨上表现出了范畴性。婴儿对语言的接触很少，由此可以认为婴儿这种区别音位界限的机能是先天的。之后又有一些语言学家和医院合作做过一些类似的实验，例如测量婴儿心跳速度或出汗速度等，也都得出了相同结果。

新生婴儿不仅在母语知觉上表现出范畴性，先天具有区分母语音位界限的机能，还在母语以外的其他语言辅音的知觉上表现出范畴性，可以分辨其他语言中的音位界限。

Streeter（1976）考察了2个月大、以吉库尤语（Kikuyu）[①]

① 百度百科显示，吉库尤族总人数约400万，居住在肯尼亚中南部高原地区，是肯尼亚最大的一个民族。（http：//baike.baidu.com/view/5969284.htm）

为母语的婴儿对塞音嗓音起始时间连续体的分辨。结果发现，虽然婴儿母语中没有清浊音位界限，但是婴儿可以分辨前浊—浊（prevoiced-voiced）音位界限、浊—清（voiced －voiceless）音位界限。

Werker et al. （1981）考察了6～8个月大（平均年龄7个月）、以英语为母语的婴儿对印地语（Hindi）[①] 两对辅音音位对立的分辨，英语中没有相类似的对立。结果表明，6～8个月的英语婴儿可以像以印地语为母语的成人一样分辨这些辅音对立。

新生婴儿可以分辨很多语音范畴对立，无论这些范畴对立是母语的还是非母语的。也就是说，音位界限先天就有。需要进一步探究的是，听觉中是否所有的音位界限都是先天就有？还是有的音位界限先天就有，有的音位界限后天学会？要回答此问题，可能还需要针对不同母语背景的婴儿、针对不同语言中的语音范畴对立进行更深入广泛的研究，对这个领域进行更深入的探讨。“我们可以认为，有些音位界限的确有它先天的生理基础。从几个星期到几个月的婴儿，虽然还没有学会任何语言，但是从他们的大脑情况来看，已经可以区别什么是范畴之内的，什么是范畴之外的。同时，我们也可以认为，有些音位界限并不是先天就有的。比如普通话的阴平和阳平，实验证明，它们之间的音位界限并不是先天就有的。”（王士元、彭刚，2006：42）

---

① 百度百科显示，印地语（Hindi language）是印度的两种官方语言之一，属印欧语系中印度—伊朗语族印度语支，是由古梵语发展而来的一种现代印度—雅利安语言。它分布于印度中部和北部的中央直辖德里特区等地区，是印度国内最为通行的一种语言。此外，在毛里求斯、斐济、特立尼达和多巴哥、圭亚那、苏里南等地的印度裔居民中也有相当数量的人讲印地语。该语言覆盖总人数仅次于汉语，为世界第二大语言。印地语使用天城体文字，是一种音节拼音文字，由古代的婆罗米字母演变而来，从左向右书写。（http：//baike. baidu. com/view/65810. htm）

1.1.3.2 婴幼儿辅音知觉的发展

新生婴儿在没有语言经验的情况下，已经具有了区分音位界限的机能。随着婴儿的成长，他们对母语的接触不断增多，对母语以外其他语言的接触则几乎没有。在这样的成长过程中，母语如何对婴儿的言语知觉产生影响是一个引人关注的问题。在母语语音范畴知觉上，新生婴儿的知觉模式与成人的知觉模式有何同异？婴儿的知觉模式如何逐步发展到成人的知觉模式？元音知觉的发展模式与辅音知觉的发展模式有何同异？研究者们在这些问题上进行了深入细致的考察。考察主要从下述两个方面展开：一方面是婴儿分辨母语音位范畴对立的能力以及这种能力随时间而产生的发展变化；另一方面是婴儿分辨母语以外其他语言中的音位范畴对立的能力以及这种能力随时间而产生的发展变化。研究获得了一些新发现：

（1）婴儿分辨母语辅音音位对立的能力随时间发展、母语经验的增多而提高。

Kuhl et al.（2006）考察了以英语为母语的婴儿、以日语为母语的婴儿对/r/－/l/对立的分辨。英语有/r/－/l/对立，日语无此对立。结果发现：6～8 个月的英语婴儿、日语婴儿分辨/r/－/l/的成绩没有差异；10～12 个月的英语婴儿分辨成绩显著提升，但分辨成绩还是比以英语为母语的成人差；10～12 个月的日语婴儿分辨成绩下降。该发现与其他研究者的发现一致。

（2）婴儿分辨母语以外其他语言辅音音位对立的能力随时间发展、母语经验的增多而下降。

Werker et al.（1981）、Werker & Tees（1984）选择了母语为英语的三组婴儿进行考察与比较：6～8 个月、8～10 个月、10～12 个月，考察了婴儿对其他两种语言（Thompson 语、Hindi 语）辅音对立的分辨，英语中没有与此相似的辅音对立。实验结果表明：6～8个月的英语婴儿大多数对两个辅音对立的分辨达到了标准，10～12个月的英语婴儿分辨两个辅音对立很少达到标准；10～12个月英语婴儿的分辨成绩明显差于6～8个月的英语婴儿和8～10个月的英语婴儿。研究者认为，年幼婴儿虽然没有语言经验，但他们可以分辨自然语言中的语音范畴对立。随着婴儿对母语接触的增多，他们分辨不存在于母语中的语音范畴对立的能力下降，并且这种下降在婴儿出生后的第一年年末即表现出来。

用自然语言声音做完考察后，Werker & Lalonde（1988）接着又用合成言语声音考察了婴儿对辅音范畴对立的分辨。他们合成了浊不送气音，这些声音在发音部位上构成连续体。实验所用的辅音范畴对立包括两类：一类是齿音—齿龈音对立，英语和印地语（Hindi）中都有此类对立；另一类是齿音—卷舌音对立，英语无此对立，印地语有此对立。实验发现，6～8个月以英语为母语的婴儿分辨齿音—齿龈音对立（英语、印地语都有此对立）、齿音—卷舌音对立（英语无此对立，印地语有此对立）的成绩都显著高于概率水平，分辨成绩接近以印地语为母语的成人。11～13个月以英语为母语的婴儿、以英语为母语的成人对齿音—齿龈音对立（英语、印地语都有此对立）的分辨成绩，显著好于对齿音—卷舌音对立（英语无此对立，印地语有此对立）的分辨成绩；并且对齿音—卷舌音对立（英语无此对立，印地语有此对立）的分辨成绩与概率水平无显著差异。这个实验再次表明，新生婴儿即使是听合成的言语声音，也可以分辨语音范畴对立，不管这种对立是出现在母语中还是其他语言中。但是到了出生后的第一年年末，婴儿分辨母语辅音对立的能力高于分辨非母语辅音对立的能力。这意味着，随着婴儿的成长及母语经验增加，婴儿对于那些接触不到的语音对立的分辨能力下降，婴儿言语知觉逐渐发展为以母语音系为基础的言语知觉。

另外，关于婴儿分辨非母语元音对立的研究也发现了与辅音研究相似的结果，给婴幼儿辅音研究提供了启示和佐证。婴儿分辨非母语元音对立的能力同样也随时间发展、母语经验的增多而下降。Polka & Werker（1994）考察了6～8个月、10～12个月以英语为母语的婴儿对德语元音对立的分辨。实验发现，6～8个月婴儿组分辨元音对立达到标准的比例显著高于10～12个月婴儿组。这说明婴儿在出生的第一年年末，其分辨母语中不存在的元音对立的能力开始下降，这种发展模式与婴儿区分非母语辅音范畴对立的发展模式基本一致。实验还发现，6～8个月婴儿组分辨非母语元音对立的成绩远差于其分辨非母语辅音对立的成绩。研究者据此认为，母语经验对元音知觉的影响可能在6～8个月的时候就已经表现出来。为此，研究者继续考察了4个月婴儿组、6个月婴儿组对两个非母语元音对立的分辨，结果表明4个月婴儿组在两个对立上都表现出分辨模式，而6个月婴儿组在两个对立上没有表现出分辨模式。这进一步证明婴儿对元音的分辨在6个月时便开始受到母语影响，母语对婴儿元音知觉的影响可能早于对其辅音知觉的影响。

目前关于母语语音范畴的知觉学习，主要是以婴儿作为研究对象来展开，而且比较多集中于英语环境中的婴儿，由此得出的结论具有一定的普遍性，但也有其局限性。研究者在考察影响语音范畴知觉的因素时，比较关注母语经验，而对另外一些因素如语音声学特征的考察则比较缺乏。实际上，针对成人的跨语言言语知觉研究已经发现，成人可以很好地区分一些母语中不存在的语音对立。例如，有些非母语语音对立，成人听者可能认为两个非母语音子都不是言语声音，但当它们在发音、声学特征上的差异足够大，听者也能很好地区分开（Best，1995）。据此可以推测，也许从婴儿期直至成年期，对于一些在发音、声学特征上差异足够大的语音对立，婴儿和成人始终都能区分。另外，在汉语领域，汉语环境中的婴儿如何获得汉语音位范畴、元音范畴和辅音范畴、汉语声调范畴的习得都是引人注目的问题。

1.2 第一语言辅音范畴产生研究

1.2.1 第一语言辅音产生顺序

儿童语言发展是语言认知神经机制、家庭、社会环境等因素综合作用的结果，因此儿童语言发展一直是认知科学、语言学、心理学、语言教学等领域中很重要的研究课题。儿童语言发展研究中，语音习得是其中的一个重要方面。儿童语音习得研究，主要探讨儿童获得音位的顺序和速度、处在不同语言环境中的儿童获得音位顺序和速度的差异以及语音习得过程中的相似与不同。针对这些内容，研究者们提出了各自的看法，形成了不同的语音习得理论。

早期观点认为，语言发展从儿童说出第一个词开始，从儿童年龄看，基本上在1岁以后。实际上从更广的角度来说，语言发展从婴儿出生的那一刻即已开始。从婴儿出生到满一个月，他们的言语产生（发音）过程就已出现。婴儿出生一段时间后就对人的声音非常敏感，尤其是对熟悉的人的声音敏感。① 当婴儿啼哭时，人的声音比其他声音能更有效地止住他们的哭声。初生婴儿的语言知觉能力和学习能力远超出我们的预想，这些知觉能力与发音能力共同发展，最终在婴儿出生后的1年左右发展为语言。

Kaplan & Kaplan（1971）提出了早期言语产生（发音）的四个阶段：第一阶段是啼哭阶段。这个阶段从初声的啼哭开始。啼

① 笔者的一位朋友提供了一个实际案例：出生几天的男婴，对母亲的声音很敏感。当男婴啼哭不止时，母亲的声音比其他人的声音能更有效地止住婴儿的哭声。母亲在男婴出生前，常与腹中婴儿说话交流。

哭有升调与降调的不同，不同的啼哭可能代表饥饿、疼痛、不高兴、无聊等不同的意义。第二阶段是“咕咕”声阶段。婴儿出生1个月后，啼哭以外的其他发音开始出现，运用到的发音器官有唇、舌、口等。2个月的婴儿开始发出一些“咕咕”之声，类似于/a/、/o/、/u/等元音。这个阶段婴儿的语音具有一定的语调规律。第三阶段是咿呀学语阶段。3～4个月的婴儿可以发出“咿呀”之声，这些声音与人类语言接近，可以看作是元音或辅音。婴儿的发音中，前元音多于后元音（如/i/多于/a/），发音部位靠后的辅音多于发音部位靠前的（如/k/多于/m/）。这个阶段婴儿的语音在语调上与成人的很相似。第四阶段是系统语言的发展阶段。该阶段一般从儿童1岁左右开始，可以认为是严格意义上的语言发展的开始。

Mowrer & Burger（1991）考察了70名豪萨语（Hausa）儿童对母语音位的习得，他们的年龄在2岁6个月至6岁之间。研究将所获得的数据与已发表的英语儿童母语音系习得数据进行了比较，选取了与豪萨语儿童处在相同年龄段的70名英语儿童的数据。通过对两者的比较分析表明，对于两种语言所共有的22个音位，豪萨语儿童基本上在3岁半之前习得，而英语儿童要到5岁才习得。

So & Dodd（1995）考察了268名2～6岁的香港儿童的粤语语音习得，发现粤语儿童的辅音习得顺序与英语儿童相似，但粤语儿童的辅音习得速度快于英语儿童。研究结果验证了已有的假设，即儿童音系习得有普遍顺序，同时这种普遍顺序还会因受到儿童所处语言环境的影响而表现出一定特性。

汉语儿童语音习得研究收获颇丰，其中也包括了儿童辅音习得方面。吴天敏和许政援（1979）采用纵向跟踪的方法对5个婴儿从初生到3岁期间的言语发展作了记录，主要用汉语拼音记录了他们的发音。研究发现，初生到3个月的婴儿，辅音发音主要是 h，有时有 m；4～8 个月的婴儿，辅音发音新增加了 b、p、f、n、g、－n、－ng；9 个月到 1 岁的幼儿，辅音发音新增加了 d、t、l、j、x。① 1 岁之后的幼儿，文章着重记录探讨了他们在普通话中词、句方面的习得，没有展现幼儿辅音发音方面的发展。该研究呈现了 1 岁之前汉语儿童辅音发展的概貌，为后续研究提供了基础，也引发研究者去探讨辅音习得的标准以及确定辅音习得顺序的标准等问题。之后，李宇明（1991）、周兢（1994）也分别对 1～120 天、0～18 个月婴儿的汉语发音情况进行了个案跟踪考察。

对汉语儿童普通话语音习得作出大规模横向考察的是李嵬等（2000）的研究。他们以 129 名 1 岁半至 4 岁半儿童的普通话口语资料为基础，确定了正常发展的普通话儿童在语音习得过程中各年龄段的音位集合、音位习得顺序。实验采用图片命名和图片描述的方法收集儿童口语。图片命名的实验材料为 44 张图片，图片所代表的词语覆盖了汉语音系中的所有元音、辅音和声调，这些词语都是儿童日常生活中经常接触、使用频率较高的词语。图片描述的实验材料是把图片命名的实验材料中所使用的大部分汉语词语结合起来，组合成有故事情节的图片。实验中每个儿童都是单独测试，要求首先说出图片命名材料中每个图片所表示的汉语词语，接着根据图片描述材料讲述故事或讲述在图片中所看到的东西。实验所录下的儿童口语材料由一位语音学专业人士用国际音标进行转写。研究按照一定的习得标准，确定了处在音节开始位置的汉语辅音的出现时间和习得时间（见表1－1）。研究者认为这些数据说明三点：第一，一些音位的出现和习得同步，儿童很少在这些音位上出错，如/t/、/m/、/p/等；第二，一些音位需要在“出现”以后很长时间才能习得，从儿童能够发出这

① 吴天敏和许政援（1979）的文章没有总结 9 个月到 1 岁的幼儿新增加的辅音发音。此处所列举的是笔者根据该文所列发音记录作出的总结。

些音到儿童能够自如地运用这些音要经过很长一段时间，如/tɕ/、/tɕʰ/、/s/等；第三，还有一些音位从出现到习得所需时间相对较短，如/n/、/f/等。

表 1－1　音节首辅音的出现与习得①

年龄组（岁；月）	1;6—2;0	2;1—2;6	2;7—3;0	3;1—3;6	3;7—4;0	4;1—4;6	4;7—
音位出现（90%标准）	t,tʰ,k,m,n x,tɕ,tɕʰ,ɕ	f,s,tʂ	p,l	pʰ,kʰ,tʂʰ	ʂ	ts,tsʰ,ɹ	
音位习得（90%标准）	t,m	n	p,tʰ,f,x,ɕ	k,kʰ	pʰ	l,s,ɹ,tɕʰ,tɕ	ʂ,tʂ,tʂʰ,ts,tsʰ

李嵬等（2000）的研究中一个比较突出的方面是，为“辅音的出现”和“辅音的习得”作出了量化的判定标准。我们从该研究所获得的汉语普通话儿童辅音习得顺序中可以看到，辅音发音方法方面，习得较早的是鼻音、塞音，其次是擦音、边音，习得最晚的是塞擦音，不送气音的习得早于送气音。辅音发音部位方面，习得较早的是双唇音、唇齿音、舌尖齿背音，其次是舌面软腭音、舌面前硬腭音，习得最晚的是舌尖齿龈后音、舌尖齿背音。儿童在 4 岁半左右还未完成全部辅音音位的习得。

李嵬等（2000）的实验是基于 129 名儿童所进行的横向研究，与司玉英（2006）基于一个儿童的纵向跟踪研究相比，两者所获得的辅音习得顺序有共同之处，表现在三个方面：第一，从发音方法来看，都是塞音较早习得，塞擦音最晚习得，不送气音

① 该表引自李嵬、祝华、［英］Dodd B.、姜涛、彭聃龄、舒华：《说普通话儿童的语音习得》，《心理学报》2000 年第 2 期。

的习得早于送气音；第二，从发音部位来看，都是双唇音较早习得，舌尖齿龈后音、舌尖齿背音最晚习得；第三，从习得年龄来看，儿童在2岁左右开始掌握一些辅音，全部辅音音位的习得在5岁左右还没有完成。但是两个实验所获得的辅音习得顺序也存在一些差异：李嵬等（2000）的研究中鼻音习得较早，/m/、/n/都在2岁半左右习得；司玉英（2006）的研究中虽然/m/习得较早（2岁），但/n/的习得较晚（4岁）。

综观儿童辅音习得，有一些普遍遵循的趋势，如双唇音较早习得，鼻音较早习得，塞音习得早而塞擦音习得晚，不送气音习得早于送气音等。但同时，语音习得也受到儿童所处语音环境影响而表现出一些差异。既然儿童语音习得存在着一些普遍顺序，同时也存在着一些差异，那么如何解释这些现象则成为研究者共同关心的问题。对此，他们提出了多种理论，主要包括下述四种观点：

（1）普遍性理论（universal theory）。

普遍性理论的主要倡导者是Jakobson。该理论认为，婴儿一开始具有发出所有人类语音的能力，只是在后来的语音发展中，婴儿受到所处语言环境的影响，逐渐丧失了一些发音能力（即所处语言环境中不存在的语音的发音能力）。儿童在最初获得语音时都遵循相同的途径，他们获得的是音位对立系统，而不是一个个孤立的音位。①

普遍性理论探讨的是言语产生问题，其观点倒是在言语知觉上得到了验证。婴儿言语知觉研究表明，婴儿一开始可能可以分辨几乎所有人类语音中的语音对立。随着母语接触的增多，婴儿分辨母语中不存在的语音对立的能力逐渐减弱及至丧失，分辨母语语音对立的能力得到保持及至提高。

---

① 参见迟立忠：《儿童语音获得理论简述》，《心理发展与教育》1997年第3期。

普遍性理论对儿童习得音位的先后顺序进行了预测，认为一个音位习得的早晚取决于该音位在世界语言中的分布状况，分布得越广泛则习得越早。因此发音部位靠前的辅音比发音部位靠后的辅音早习得，塞音比擦音早习得，鼻音比非鼻音早习得。该观点得到一些研究的验证，那些在世界语言中普遍存在的音一般都是比较容易发的音，儿童容易习得。但是也不是所有的研究结果都验证了预测，例如李嵬等（2000）、司玉英（2006）的研究中都出现了发音部位靠后的辅音先习得的情况，舌面前硬腭塞擦音和擦音的习得早于舌尖齿背、舌尖齿龈后塞擦音和擦音的习得。

（2）发音学习理论（articulatory learning theory）。

发音学习理论的主要倡导者是 Skinner，该理论的基础是行为主义语言学习理论。该理论认为，婴儿出生时几乎不具备发音能力，他们逐渐发出一些所处语言环境中存在的语音，语音习得是外部语言环境作用的结果。①

儿童语音习得是一种刺激—反应过程。母亲抚育婴儿时发出一些语音。某些语音由于和喂食等行为相联系而得到强化，婴儿受到刺激后渐渐发出一些音。当婴儿的发音听起来与母亲的发音相似时，母亲会对其进行奖赏或鼓励，这样婴儿的发音得到强化，婴儿受到鼓励而不断地发出与成人语音相似的音，主动模仿成人的发音，最终习得母语语音。

发音学习理论认为，儿童语音获得是外部环境作用的结果，由此可以推测处在不同语言环境中的婴儿语音习得不同。这与普遍性理论的观点存在差异。

（3）成熟理论（maturational theory）。

成熟理论的主要倡导者是 Locke。该理论认为，儿童的生理

---

① 参见 Susana, L. O. & Pilar, G. Acquisition, learning, or development of language? Skinner's "verbal behavior" revisited. *The Spanish Journal of Psychology*, 2004, Vol. 7, pp. 161 – 170.

发展决定了他们的语音习得，儿童发音器官和听觉机制的发育程度决定了儿童习得音位的先后顺序，那些容易识别和发出的音会较早习得。成长在各种不同语言环境中的婴儿会在几乎相同的年龄发出一些特定的语音，所有语音环境中的婴儿在语音习得顺序和速度上具有共同之处。①

（4）优选理论（optimality theory）。

优选理论的主要倡导者是 Prince 和 Smolensky。该理论认为，语言由一套按照等级排列、相互矛盾的制约条件构成，这些制约条件对儿童和成人都相同。不同语言之间的差别是由同一制约条件在不同语言中的排列等级不同造成的。儿童语音产生不同于成人，是因为两者对同一制约条件的等级排列顺序不同。儿童语言习得过程是对制约条件进行等级排列的过程。儿童建立起来的制约条件还不太完善，经过不断的调整和补充，逐渐趋向成人标准。②

1.2.2 第一语言辅音产生错误

婴幼儿的母语语音习得过程，是一个逐渐向成人语音标准靠近的过程。在这个过程中，如果以成人母语语音作为衡量标准，那么儿童的语音是不完善的。因此，很多研究对儿童语音的这种不完善进行了总结分析，将其归为“语音错误”。婴幼儿的辅音产生错误主要有下述三类（李嵬等，2000；司玉英，2006）③：

（1）替代。

替代是指用一个辅音替代另一个辅音。替代可以是辅音发音

---

① 参见迟立忠：《儿童语音获得理论简述》，《心理发展与教育》1997 年第 3 期。

② 参见司玉英：《普通话儿童语音习得的个案研究》，《当代语言学》2006 年第 1 期。

③ 普通话儿童的语音用例主要选自司玉英：《普通话儿童语音习得的个案研究》，《当代语言学》2006 年第 1 期。记音形式有所改动。

部位的替代，也可以是辅音发音方法的替代。

辅音发音部位的替代主要有两种：第一种是用发音部位靠前的辅音替代发音部位靠后的辅音。英语儿童常用齿龈音替代软腭音，普通话儿童也常出现这种现象。例如，普通话儿童把“姑”说成“dū”，把“裤”说成“dù”，把“数”说成“sǔ”，把“这”说成“zè”。第二种是用发音部位靠后的辅音替代发音部位靠前的辅音。例如，普通话儿童把“自”说成“jì”，把“次”说成“qì”，把“森”说成“xīn”，把“四”说成“xì”。两种替换现象相比较而言，前一种发音部位前移现象更普遍。

辅音发音方法的替代主要有六种：第一种是用塞音替代与其处于相同或相近发音部位的其他辅音。普通话儿童中最常见的现象是用塞音替代塞擦音或擦音。例如，把“好”说成“dǎo”，把“服”说成“dú”，把“竖”说成“dù”，把“树”说成“pù”，把“走”说成“dǒu”，把“菜”说成“tài”，把“猪”说成“dū”，把“见”说成“diàn”。第二种是用擦音替代塞音。例如，普通话儿童把“乖”说成“huāi”，把“客”说成“hè”。第三种是用塞擦音替代塞音，这种情况出现得比较少。第四种是不送气音和送气音之间的相互替代，其中不送气音替代送气音的比例更高。例如，普通话儿童把“葡萄”说成“bútao”，把“偷”说成“dōu”，把“扣”说成“gòu”，把“起”说成“jǐ”。第五种是用边通音替代通音。例如，普通话儿童把“入”说成“lù”，把“乳”说成“lǔ”，把“睿”说成“luèi”。第六种是用元音替代通音。例如，普通话儿童把“肉”说成“yòu”，把“让”说成“yàng”，把“热”说成“yè”。

（2）同化。

同化是语流音变中最常见的现象，指原本不相同的音，因相互影响而变得相同或相似。同化现象在成人和儿童语音中都存在。同化有积极同化和消极同化两种情况。我们认为，当儿童语音中出现积极同化现象，可以不将其看作发音错误。因为积极同化一般是后音节影响前音节，它使得发音省力、方便，同时也不影响语义的理解和表达，并且在成人语音中也常出现。例如，把“难免”说成“námmiǎn”，前一音节舌尖鼻音韵尾“n”受到后一音节声母影响完全同化成“m”；把“面包”说成“miàmbāo”，前一音节舌尖鼻音韵尾“n”受到后一音节声母影响同化成“m”。

当儿童语音中出现消极同化现象，可将其看作发音错误。因为消极同化表现为语流中发音器官的运动赶不上发音的基本要求而产生的发音部位、发音方法上的趋同，发音错误一般都会影响语义理解和表达，需要尽量避免。例如，普通话儿童把“打开”说成“dǎdāi”，把“啰嗦”说成“luōluo”，把“天天讲（卫生）”说成“qiānqiānjiǎng”。

（3）脱落。

脱落是指正常强度的音变弱至消失的现象。一般来说，处在音节首的辅音比较容易脱落。例如，普通话儿童把“回家”说成“féi’iā”，把“裤子”说成“dù’i”，把“忘掉”说成“wàng’iào”。其实在语流中，成人也有这种音变现象，例如，有人把“大夫（dàifu）”说成“dàif”，其中的/u/就脱落了。

2 辅音范畴的第二语言习得研究

2.1 第二语言辅音范畴知觉研究①

2.1.1 第二语言辅音知觉区分

跨语言言语知觉研究由来已久，其中成人对非母语辅音对立（第二语言辅音对立或陌生语言辅音对立）的知觉区分是较早受到普遍关注的问题。

早期研究发现，当一种陌生语言或二语中的辅音对立在成人母语中不构成音位对立，成人区分起来比较困难。例如，日本成人很难区分美式英语/r/－/l/。日语没有/r/－/l/对立，音系中只有一个/r/，日语/ɾ/与美式英语/l/、/ɹ/在语音上有一定差异，结果处在音节起始位置的英语/l/和/ɹ/都被日本成人识别为日语/r/（Guion et al，2000）。另外，英语母语者对印地语（Hindi）塞音对立（/ṭ/－/t̪/）的区分成绩在概率水平，而印地语母语者的区分成绩很好，因为英语没有此发音部位对立（Werker et al.，1981）。说英语的成人也难以区分印地语（Hindi）浊双唇塞音对立（/b/－/ɓ/）（Best et al.，2001）。由此可见，成人对非母语辅音对立的知觉区分受到母语音系的强烈影响。那么，母语经验如何导致听者区分非母语言语出现困难？感觉神经调向假说认

① 本节部分内容即将发表于《暨南学报》。

为，生命早期接触到某种语言对于相关感觉神经机制的“调向”非常关键，天生的、与语言有关的神经机制最初对普遍的语音范畴或语音边界都敏感，随着生命早期对特定语音特征的接触，神经机制逐渐调向这些特征（Eimas，1975）。也有学者认为，早期对特定声学特征的接触，会使得对这些特征作出反应的心理物理机制的调向得到保持或提升，但这种心理物理机制是普遍听觉加工技能的一部分，而不是专用于语言。

只是，感觉神经调向假说也不足以解释下述现象：有一些语音或声学特征在成人母语中未出现，成人却能很好区分；有一些陌生语言或二语中的辅音对立，在成人母语中不构成音位对立，成人却能很好区分。例如，印地语（Hindi）清—浊边擦音对立（/ɬ/－/ɮ/）、舌面后软腭塞音对立（/k^h/－/k'/，英语母语者都可以很好地将其区分开，尽管他们从未接触过这样的区别性语音—声学特征（Best et al.，2001）。对此，Best 提出知觉同化模型对其进行解释：即使非母语语音对立在听者母语中不构成音位对立，但如果听者能够把这两个非母语音子归类到母语的两个不同范畴，就也能很好地将对立区分开；有些非母语语音对立，听者可能认为两个非母语音子都不是言语声音，当它们在发音、声学特征上的差异足够大，听者也能很好地将其区分开（Best，1995）。

当一种陌生语言或二语中的辅音对立在成人母语中构成音位对立时，成人区分起来大多比较容易。例如，泰语母语者很容易区分汉语塞擦音送气—不送气对立，因其母语也有此对立。但母语中出现了某种特定语音或声学特征，或者母语存在这样的音位对立，并不能保证听者一定区分得好。例如，Polka（1991）考察了说美式英语的成人区分印地语塞音对立的情况，对立出现在以下四种环境：浊（/ḍ/－/d̪/）、清不送气（/ṭ/－/t̪/）、清送气（/ṭ^h/－/t^h/）、气嗓音（breathy voiced，/ḍ^h/－/d̪^{h}/），区分成绩有高有低，区分成绩与英语中是否出现该噪音特征并不是一一对应的关系。

总的来看，影响成人知觉区分非母语辅音对立因素主要有下述五个方面：第一，音位地位（phonemic status）。当非母语辅音对立在听者的母语中构成音位对立时，有助于听者知觉。第二，语音经验（phonetic experience）。当非母语音段在听者的母语音位范畴中作为音位变体出现时，这种语音经验有助于听者知觉。第三，语音环境，即辅音对立所处元音环境、音节中的位置等。第四，声学凸显性。依靠凸显性强的声学维度来区分的言语对立，具有较强的心理声学基础，这种对立即使在婴儿期没有得到相关语音或音位经验，也可以得到更久保持，对于成人也更容易学习；依靠凸显性弱的声学维度来区分的言语对立，其心理声学基础也弱，这种对立如果在婴儿期缺乏接触，其知觉就会下降（Burnham，1986）。第五，知觉同化策略，即成人依据母语音系对非母语语音所进行的知觉归类（Best，1995）。

在非汉语母语者的汉语辅音知觉研究领域，王韫佳（2002）采用二择一的选择测试考察了36名日语母语者在汉语学习过程中对鼻音韵尾/n/、/ŋ/的辨认。实验过程是给被试听包含有汉语鼻音韵尾的单音节词或某一音节的韵母为鼻韵母的双音节词，同时提供给被试两个选项（an/ang 、ian/iang、uan/uang、in/ing、en/eng、ün/iong、un/ong），让被试听音后在两个选项中选择其一。结果表明，日本学习者对汉语韵尾/ŋ/的知觉正确率高于韵尾/n/。从汉日语音对比来看，日语中处于音节末尾的/N/的典型音值是小舌鼻音/N/或舌位较高的鼻化元音，小舌与软腭的距离比较近；从音色上看，汉语/ŋ/比汉语/n/更像日语/N/。日本学习者对于不存在于母语中的两个汉语鼻音韵尾的感知困难程度不同，对与母语音色更接近的汉语/ŋ/的感知困难度小些。另外，研究还发现，日本学习者对韵腹音值相差较远的韵母对的知觉区分正确率高于对韵腹音值较为相似的韵母对的知觉区分正确率。

王韫佳和上官雪娜（2004）还考察了日本学习者对汉语普通话送气、不送气辅音的知觉加工。感知实验结果表明，尽管送气/不送气不是日语音系中的区别性特征，但由于日语中的清塞音/塞擦音具有送气变体，因此日本学习者仍然能够较好地在感知中区分普通话的不送气、送气辅音两种音位范畴。但是，他们对这两种范畴的加工模式受到了母语音系中清/浊范畴的影响，特别是受到了清音的音位变体影响，具体表现为使用辅音后接元音的 f_0 和辅音在词里的位置作为区分不送气、送气音的条件。研究结果支持了言语学习模型，同时支持了 Polka（1991）所提出来的“语音经验”可以使学习者更好地感知非母语语音范畴的观点。所谓具有“语音经验”指的是学习者第二语言某个音系特征在其一语中不是区别性特征，但这个特征存在于第一语言某个音位的音位变体中。文章最后也指出，语音经验在第二语言语音习得中的作用仍然受到母语音系的制约。

第二语言（或陌生语言）的语音区分研究，首先从辅音范畴开始，其后也发展到元音范畴，相关结果对于辅音知觉研究有一定启发。早期跨语言研究表明，语言经验（language experience）对元音知觉的影响不同于其对辅音知觉的影响。虽然辅音知觉可能表现为“范畴性知觉”，且明显受到听者母语语音范畴的影响，但元音知觉更具有连续性，范畴边界内区分和边界间区分的水平比较接近。相比于辅音知觉，元音知觉受听者母语语音范畴的影响弱些，更依赖声学差异。Stevens et al.（1969）一项有关元音知觉的经典研究中，美式英语母语者和瑞典语母语者听合成的瑞典语前圆唇元音稳定段，英语没有此音位。结果两类听者对这些孤立元音的区分正确率没有显著差异，研究认为，元音稳定段的区分不受听者语言经验（母语经验）影响。Stevens et al.（1969）使用的实验刺激是合成孤立元音，区分任务是让听者进行物理—

辨认而不是命名—辨认。后来一些研究使用自然语音作为实验刺激，区分任务是测试听者如何对非母语音位作标签，得到不同于 Stevens et al.（1969）的结果，他们发现对不熟悉元音对立的知觉实际上受到听者母语的强烈影响（Polka，1995；Strange et al.，2005）。Polka（1995）针对“元音声学结构始终优于听觉编码”的假设进行了检验。研究考察了以英语为母语的成人对自然产出的德语/y/－/u/、/ʏ/－/ʊ/的知觉区分。英语没有这类对立，英语前高元音/i/（如“tea”）和/I/（如“pit”）不具有圆唇特征，英语后高圆唇元音/u/（如“ooze”）和/ʊ/（如“foot”）的发音语音特征与德语元音/u/、/ʊ/相同。作为实验刺激的德语元音出现在 dVt 音节中，由一位以德语为母语的男性朗读词表时读出。研究先让被试完成 AXB 区分任务，X 不会与 A 或 B 在物理特征上完全一样，而是同一元音范畴的不同样例。接着让被试完成辨认任务，辨认德语元音并选择包含有与德语元音相匹配的英语元音的英语关键词，并用五度值量表评估德英元音的范畴相似度。结果发现，英语母语者对两组元音对立的区分正确率都高于概率水平。区分/ʏ/－/ʊ/，英语被试的正确率低于德语母语者；区分/y/－/u/，英语被试与德语母语者的水平一样。利用英语关键词进行辨认及评估的实验结果表明，四个德语元音主要被英语被试匹配到英语后高圆唇元音范畴（/u/和/ʊ/），德语两个紧元音与英语元音范畴的相似度差异大些，德语两个松元音与英语元音范畴的相似度差异小些。本研究说明，元音声学结构并不是始终优于听觉编码，听者的母语经验以相似方式影响着元音、辅音音段的区分。另外，近期采用合成孤立元音作为实验刺激所进行的研究也发现母语背景强烈影响了元音知觉（Escudero et al.，2009）。

非母语元音知觉区分，除了考虑语言经验的影响，还需考虑声学、发音等因素的影响。Bohn（1995）假设“由于已有语言经验使听者对某些频谱差异不敏感，当这些频谱差异不足以区分元音对立时，听者就会采用时长差异来进行区分"①。这意味着，对于元音对立来说，不管频谱线索、时长线索在第一语言音系中的地位如何，非母语元音的时长线索比频谱线索更凸显，时长线索比频谱线索对非母语者的听说行为影响更大。Beddor & Gottfried（1988）考察了以法语为二语的美国学习者对法语/ko ːt/ –/kɔt/对立的知觉区分，美国学习者基于时长线索的反应多于法语母语者，时长变化对二语经验少的学习者影响更大，二语学习者关于频谱信息、时长信息的知觉权重逐步朝着母语者模式转换。Flege et al.（1997）的研究中，汉语母语者区分美式英语/i/ –/I/时，对时长信息的使用多于对频谱信息的使用，西班牙语母语者则同等使用了两种信息；美式英语母语者更倾向使用频谱信息。Strange et al.（1998）的实验发现，在双音节和句子两种环境下，日语元音对英语元音的频谱同化方式和时长同化方式存在差异。

另外，非母语元音知觉区分还受到协同发音、辅音环境的影响。Gottfried（1984）考察了美式英语母语者对出现在/tVt/、/V/两种环境中的法语元音的知觉。结果表明，英语被试在/tVt/环境中知觉法语元音更难达到法语母语者水平，相比于孤立元音/V/单独做音节的环境。Levy et al.（2008）发现，没有学过法语的美式英语母语者知觉区分法语元音/u/ –/y/、/i/ –/y/、/u/ –/æ/、/y/ –/æ/对立受到元音之后辅音发音部位的影响。实验材料中法语元音处在/rabVp/、/rabVt/两种无意义双音节中，由三名法语母语者朗读出双音节所处承载句。AXB 范畴区分结果表明，没有法语经验的美式英语母语者对/i/ –/y/的混淆在双唇音环境中更厉害，对/u/ –/y/的混淆在齿龈音环境中更厉害。从四对法

---

① 参见 Strange, W., Akahane – Yamada, R., Kubo, R., Trent, S., Nishi, K. & Jenkins, J. J. Perceptual assimilation of American English vowels by Japanes listeners. *Jouranl of Phonetics*, 1998, Vol. 26, pp. 311 – 344.

语元音的区分来看，相比于齿龈音环境，英语被试在双唇音环境中区分得更好。研究认为，被试所知觉到的英法元音关系能更好地解释区分结果，而法语元音之间的频谱相似程度不足以解释区分结果。学习第二语言应包括学习其协同发音规则、音位的变体差异。

2.1.2 第二语言辅音知觉学习

二语语音学习中，“口音”是个不易克服的问题。对二语一些音子的发音错误，就会造成“口音”。其原因可能是运动技能学习不充分，也可能是知觉能力缺失，即成人将第二语言音子或语音对立按照接近母语的方式去知觉。

言语学习模型（Flege，1987、1995）提出，二语与一语语音范畴之间的知觉关系非常重要。与一语语音相似、实际并非完全一致的二语音段被知觉同化到一语范畴，学习者采取了“等同归类”策略。即使具有一定的二语经验，学习者可能仍无法区分二语与一语相似音段的知觉表征，但也许会在两者之间产生调和，从而造成二语音子的产出始终存在“口音”，甚至造成一语音子的语音产出发生变化。但是，那些一开始在知觉上被认为明显不同于一语范畴的二语音子不会被一语同化。随着二语经验增加，这些音段被学习者表征为不同于一语的范畴，言语知觉和言语产生正确性相对较高。通过观察二语习得的后期阶段，该模型指出言语学习的基本机制，包括为言语声音建立长时记忆表征的能力，在整个一生都保持完整，没有受到破坏。

以言语学习模型为指导，研究者做了大量考察。日本人学习英语，/r/和/l/是比较大的问题。日本人认为英语/ɹ/和/l/都相似于日语/ɾ/，相比之下英语/l/更像日语/ɾ/。根据言语学习模型的观点：与一语音段相似的两个二语音段，与一语音段知觉语音非相似度大的二语音段的可学性更强，研究者可以预测日本人学习英语/ɹ/会比英语/l/更成功。该预测得到了实验证实，日本成人辨认英语/ɹ/的正确率高于/l/（Sheldon & Strange，1982；Flege et al.，1996）。Bradlow et al.（1997）的一项训练研究发现，日本成人不仅辨认英语/r/更正确，他们的英语/r/发音也能更准确地被听辨出来。该研究还指出，英语/r/的发音本身并不比/l/容易，因为英语母语习得研究表明儿童先习得/l/后习得/r/。

有关言语产生的研究表明，言语产生的基础不是音位，言语产生技能需要通过一个个音位变体的学习来获得（Flege & Port，1981）。与此一致的是，言语知觉技能也是通过一个个音位变体的学习来获得的。Flege（1989）考察了汉语母语者对英语词尾塞音/t/－/d/对立的知觉，发现他们主要利用汉语词首位置区分/t/－/d/的声学线索来区分英语词尾/t/－/d/，因此，在英语词尾/t/－/d/的所有声学线索都完整保留的情况下，汉语母语者可以像英语成人一样很好地区分。可是在实际的英语自然谈话中，词尾/t/、/d/常常听不到除阻破裂，/d/也常常清化。为此，研究将英语词尾/t/－/d/进行了编辑，除去了除阻破裂和（或）持阻浊音，结果汉语母语者的区分水平下降，而英语母语者仍能很好地区分。这说明汉语母语者对英语词尾/t/－/d/对立的知觉区分需要通过一个个音位变体的学习来获得。

第二语言语音范畴知觉学习研究比较关注二语语音知觉是否随着目的语国居住时间增长、二语经验增加而表现出进步，是否朝着母语者的水平逐步接近。为此研究者采用纵向、横向两种方法进行考察。纵向研究，就是在时间的维度上选择多个点对同一群被试进行跟踪，这样能够比较准确地观察到二语言语知觉发展过程。纵向跟踪方法一般跨时较长，对被试的选择要求较高。横向研究，就是选取处在不同习得阶段的不同被试群体，通过比较不同被试群体之间在行为上的差异来探讨习得过程。

很多研究都将二语学习时间长、二语经验丰富的学习者与二语学习时间短、二语经验不丰富的学习者的言语知觉行为进行了对比，发现非母语言语知觉会随着学习者对所学语言经验的增多而发展变化。有关辅音的研究表明，日本人对英语/r/和/l/的知觉水平随着英语经验的增多而提高，辅音的学习可能需要数年甚至数十年（Best & Strange，1992）。Levy et al.（2008）考察了没有学过法语、13 岁后开始学习法语且学了 7 年的两组美式英语母语者在法语语音对立上的知觉区分，发现没有学过法语的被试区分法语语音受到辅音环境的影响，法语经验丰富的被试区分法语语音没有受到辅音环境影响。研究认为，法语经验丰富的英语母语者可能形成了近似法语母语者那样的关于法语元音的抽象表征，没有法语经验的英语被试则更多地依赖母语音系的音位变体差异。

有关元音的研究也发现了二语经验的作用，可与辅音研究相互佐证。Flege et al.（1997）测查了英语经验在非英语母语者知觉和产出英语元音过程中的作用。研究选择德语、西班牙语、汉语、韩语母语者作为被试，同时选择了一组英语母语者作为对照组。被试都是到美国后才开始大量接触英语，根据其在美国居住时间的长短将四组非英语母语者分成了两组：一组被试的二语经验丰富（平均居住时间 7.3 年）、另一组被试的二语经验欠缺（平均居住时间 0.7 年）。研究采用可懂度成绩、声学测量评估了被试英语元音/i /、/ɪ/、/ε/、/æ/的产出，同时测查了被试对英语元音合成连续体 beat - bit（/i/ - /ɪ/）、bat - bet（/æ/ - /ε/）的辨认。二语经验丰富的非英语母语者知觉和产出部分英语元音的正确度高于二语经验欠缺者，但也有一些英语元音的知觉与产出没有随二语经验增加表现出进步。Baker et al.（2002）观察到在目的语国居住时间为 9 年的韩国成人知觉和产出英语/ɑ/、/ʌ/

的正确度达到了英语母语者水平。①

Tsukada et al.（2005）考察了韩国成人与儿童对 8 个英语元音/i/、/ɪ/、/e/、/ɛ/、/æ/、/ɑ/、/ʌ/、/u/的知觉与产出，实验按照北美居住时间长短（3 年、5 年）将韩国成人与儿童分成四个群体，分两次进行了测试（平均间隔时间为 1.2 年）。结果表明，在北美居住 3 年、5 年的韩国成人之间没有差异，在北美居住 3 年、5 年的韩国儿童之间有差异；韩国成人两次测试之间没有差异，韩国儿童两次测试之间也没有差异。但是作者指出，上述结果并不能证明成人不具备二语言语学习能力。如果选择的韩国成人在来北美之前从未在韩国学过英语，如果将在北美居住时间为 3 年的韩国成人替换为居住时间不到 1 年的，或者将在北美居住时间为 5 年的韩国成人替换为有更多二语经验的，那么就可能考察到二语习得者表现出的进步。因此，到底需要多少二语经验才能使二语行为表现出显著的进步，成人二语者的言语行为能否达到母语者水平，一语与二语语音之间的知觉关系如何影响二语行为进步直至最终成功，都是值得深入探究的问题。

但是，也有研究没有发现二语经验对非母语言语知觉的影响（Cebrian，2006）。Aoyama et al.（2004）以一年为间隔两次测试了日本儿童（平均年龄 9.9 岁）和日本成人（平均年龄 39.9 岁）英语/l/、/r/、/w/的知觉与发音。参与者在测试期间都居住在美国。日本成人对/l/－/r/、/r/－/w/的知觉区分在 1 年内没有进步，日本儿童对/l/－/r/、/r/－/w/的知觉区分在一年内有显著进步。日本儿童对/ɹ/、/w/的发音在 1 年内取得了进步，对/l/的发音没有进步；日本成人对/ɹ/、/w/、/l/的发音都没有进步。二语

① 参见 Tsukada, K., Birdsong, D., Bialystok, E., Mack, M., Sung, H. & Flege, J. A development study of English vowel production and perception by native Korean adults and children. *Journal of Phonetics*, 2005, Vol. 33, pp. 263－290.

辅音学习所需时间较长，学习速度、最终的成功程度会受到二语者所知觉到的二语与一语辅音相似度的影响。已有的研究结果能否推广到整个二语辅音系统，包括辅音可能所处的所有语音环境和音节位置，都还有待进一步的研究证明（Cutler & Otake，1994）。

如果学习二语语音的能力在关键期后减弱或丧失的话，那么就不可能制作出真正有效的语音训练技术。但是也有一些研究者相信，即使是在成年期，二语者对语音的知觉仍具有一定适应性（Best & Strange，1992）。尽管二语产出正确性会受到知觉的限制，但学习新言语形式的能力在整个一生都会保持完整，没有受到损伤（Flege，1995）。这意味着，如果成人得到充分的目的语输入，并且能够克服知觉方面的限制，就能最终学会和产出某些二语语音并达到母语者水平。

2.1.3 第二语言辅音知觉训练

2.1.3.1 高变异知觉训练

跨语言言语知觉领域有一个观点是，听者获得非母语语音对立时会发展出抽象、独立于语境的单位，如音位、模板（template）、原型（prototype）（Best & Strange，1992）。

研究者通过实验来训练成人听者对非母语辅音对立的辨认能力(Logan, Lively, Pisoni, 1991; Lively, Logan, Pisoni, 1993)，同时也探讨了第二语言辅音（语音）范畴心理表征、跨语言言语知觉中范畴的心理表征问题，主要形成了原型观和样例观两种观点。

原型观是针对类别知识如何表征的问题提出的模型。原型观认为，我们大脑中贮存了各个类别的抽象概括的表征，即原型。所有概念都具有一个原型结构，原型可以是一组特征属性的集合或者某一概念的一个或多个最佳实例。一个概念的实例可以根据其典型性而进行排列，也就是说存在一个典型性梯度来对概念实例的不同典型性进行定义。类别成员由一个物体的属性与类别原型之间的相似性来决定。（艾森克、基恩，2003：432）当呈现新的样例时，根据特征匹配可以估算出它与原型的相似性。如果相似性大到超过某一阈限标准时，它就可以看作是该类别的成员；如果该样例可以归入几种可能类别中，那么与它最为匹配的那个原型的类别就是其应属类别。原型观有两个重要特点（韩劢、莫雷，2000）：第一，根据加性规则来估算样例与原型特征的总的相似性，也就是说把样例与原型的各个特征看作是彼此独立的，然后把样例与原型相似的特征累加起来，计算出总的相似性并作出分类决定。主要特征的权重大一些，次要特征的权重小一些。在一些特征上的低相似性可以通过在其他特征上的高相似性得到补偿。第二，同一类事物的类别表征只有一个，它用于对该类事物所有样例的分类。

根据原型观，人们假设语音原型具有下述心理特征：第一，语音范畴的心理表征具有中心（foci），范畴中“最好”或最具有代表性的成员即处在这个中心；第二，对音段的判断是根据其与范畴中心的距离而定的，好的范畴成员距离原型近，差的范畴成员距离原型远；第三，语音范畴的中心能被知觉得更好，并且在长时记忆中有更稳定的表征（Kuhl，1991）。

语音原型的心理证据有以下三点（Kuhl，1991）：首先，语音范畴中的一些成员比另一些成员被反应得更快、更准确，与原型有更高的相似度；其次，范畴内部有一些成员之间容易区分，有一些成员之间难以区分；最后，在双耳分听情况下，好的范畴成员比差的范畴成员更有竞争力。

样例观也是针对类别知识如何表征这个问题提出来的，它假定原型效应是由一些隐藏于其后的特异性实例（instance）或样例（exemplar）所控制。也就是说，人们并不是从一个类别的所有实例中抽象出某种核心要素（即原型），而是简单地运用在给定条件下进入意识的有关类别的特定实例或样例来进行判别。（艾森克、基恩，2003：47）样例观有两个重要假设：第一，新例子与样例表征的相似性是它们特征相似性的乘性函数。因此，在所有特征上较好匹配的例子比仅在一些特征上较为匹配的例子有更高的相似性。一个很不熟悉的特征会导致很低的相似性，即使其他特征能较好匹配。第二，分类是通过比较新例子与大脑中贮存各个类别的样例表征的相似性决定的，然后把它归入有最大相似性的那个类别中。（韩劢、莫雷，2000）

根据样例观，听者通过训练，在其记忆中贮存了范畴内多个维度的表征，选择性注意机制对不同刺激维度的重要性赋予了权重。对于范畴成员来说，关键维度被赋予的权重大，次要维度被赋予的权重小。选择性注意的变化使得各维度的知觉空间“扩张”或“压缩”，从而改变了范畴内在结构：当维度扩张时，范畴样例之间的相似性减小；当维度压缩时，范畴样例之间的相似性增大。

为检验语音原型假说，研究者做了大量的语音知觉训练研究。研究者感兴趣的是，如果训练听者区分一种（或多种）语音环境下的非母语语音对立，那么听者是否可以为语音对立中的两个语音形成各自的原型，并且把这种概括能力推广到该语音对立所处的其他语音环境下，从而将其他语音环境下的语音区分开。也就是说，听者是否能够通过训练而形成“独立于语境”（context－invariant）的非母语语音范畴。如果训练听者区分一个（或多个）说话人产出的非母语语音对立，听者是否可以为对立中的两个语音形成各自的原型，并且把这种概括能力推广到其他说话人的产出上，从而将对立区分开来。

Strange & Dittmann（1984）采用区分测试训练日本听者区分合成的 rock－lock 刺激连续体。他们假设用单独处在词首位置的

/r/ - /l/对立进行训练，可以让听者形成原型，并且这种概括能力可以应用到其他语音环境中。结果发现，经过训练的被试只有一半人辨认处在词首的自然产出的/r/ - /l/对立上表现出进步；而且 8 个被试中只有 1 人在区分处在词首辅音丛中的/r/ - /l/对立上表现出了进步。这种训练策略忽略了/r/和/l/的频谱和时长在不同语音环境中存在的差异，也说明仅用包含一种语音环境的小样本刺激进行区分训练，对改变听者的语音知觉可能无效。

于是，有研究者提出采用在语音环境上存在广泛变异的刺激来训练听者形成独立于语境的语音范畴。Logan et al. （1991） 选取了/r/ - /l/对立出现的五种语音环境：词首、词首辅音丛、元音之间、词尾辅音丛、词尾。通过训练，观察到被试在行为上取得进步，证明训练方法有效，只是被试通过训练并未在五种语音环境中达到一样的辨认水平。当/r/ - /l/处在词尾辅音丛、词尾时，被试辨认成绩最好；当/r/ - /l/处在词首辅音丛，被试的辨认成绩最差。研究者据此提出，听者通过知觉学习为新语音对立形成的，是对“语音环境敏感”（context - sensitive） 的表征。

Lively et al. （1993） 的知觉训练除了考察语音环境变异，还考察了说话人变异对学习新语音范畴的作用。实验 1 采用包含/r/ - /l/对立的刺激词对日本听者进行实验室训练，/r/ - /l/出现在词首、词首辅音丛、元音之间这三种语音环境，由五名发音人发出。结果发现在训练过程以及后测中，听者都表现出有限但却显著的进步，他们的反应正确率提高、反应潜伏期缩短。听者能把通过训练形成的概括能力应用到熟悉说话人产出的新词、不熟悉说话人产出的新词上。实验 2 采用五种语音环境、一名发音人发出的刺激样本训练另一群日本听者，结果尽管听者在训练过程和后测中都表现出进步，但他们不能把这种概括能力应用到新说话人说出的样本上。研究表明，语音环境变异和说话人变异在知觉学习和语音范畴形成中有重要作用。听者在训练中通过将注意选择性地调向非母语语音范畴的对比性维度，为新语音范畴形成了与特定说话人相关的依存于语音环境的表征。母语语音配列、新语音对立与母语语音对立的相似性、对立线索的区别性都会影响范畴获得。

上述研究结果与语音范畴原型假说不太一致，采用范畴样例假说（Nosofsky，1986）能更好地作出解释。记忆中储存的，实质上是一个个具体样例。样例多个维度的表征都得以在记忆中保存，选择性注意机制将衡量出各个维度的重要程度。对于范畴成员来说，比较关键的维度将得到较高权重，不重要的维度则得到较低权重。选择性注意的变化将“伸展”或“压缩”这些维度的知觉空间，从而改变其内在范畴结构：当维度得到伸展时，物体之间变得不那么相似，使得物体之间容易被区分开；当维度得到压缩时，物体之间变得更相似，使得物体之间难以被区分开（Lively et al.，1993）。这样就可以解释为什么知觉训练中听者为新语音对立所形成的表征依存于语音环境。

张林军（2009）采用高变异性知觉训练，考察了日语母语者对汉语辅音送气/不送气特征的习得。研究主要训练听者对汉语/p/－/p^h/的知觉区分，知觉训练刺激材料的高变异性体现在：多名发音人（6 名），/p/－/p^h/对立出现在双音节的不同位置（双音节的首音节、双音节的末音节），/p/－/p^h/对立出现在多种元音环境（包括可以拼合的 16 个韵母）中。实验训练在电脑上完成，训练材料通过 Eprime 程序呈现：首先听觉呈现一个双音节，然后在屏幕上出现两个拼音选项，被试作二择一的选择。两个拼音选项的差异仅表现为 b 与 p 的不同。例如，听觉呈现“fā bá”，屏幕上出现拼音选项“fā bá”、“fā pá”，被试在选项中二选一。被试作出选择后，电脑会给出对或错的即时反馈。言语知觉训练开始之前、之后对听者进行了知觉测试。知觉测试结果表明，知觉训练促进了日语母语者对/p/－/p^h/的区分，并且这种训练效果还可以迁移到其他以送气/不送气相区别的音位对立上。/t/－/t^h/虽没有作为训练材料出现，但训练结束后日本听者对/t/－/t^h/的知觉区分正确率提高，这说明知觉训练促进了日语母语者对汉语辅音送气/不送气区别性特征的知觉表征。

2.1.3.2 适应性知觉训练

适应性知觉训练，主要是通过逐渐降低一对刺激对立之间的差异来训练听者。该方法一般从一对音位对立的端点开始训练学习者，然后依次降低音位对立之间的差异，直至过渡到刺激对立所处的范畴边界（McClelland et al.，2002）。

Golestani & Zaforre（2008）采用此方法训练了英语母语者对印地语/d/－/ɖ/的知觉区分。印地语卷舌音是英语母语者的学习难点，英语没有这样的卷舌音，研究希望通过适应性知觉训练来促进英语母语者的卷舌音知觉。训练采用了合成语音刺激材料，这些刺激的差异表现为第三共振峰不同，形成了7个从/d/到/ɖ/的连续体（/d/与/ɖ/的差别主要是第三共振峰的不同）。训练使用的第一对刺激对立为典型/d/（连续体的第一个）和典型/ɖ/（连续体的第七个），要求英语母语者判断所听到的是/d/还是/ɖ/。首先呈现20个刺激，若被试的正确反应率达到80%，则第一对刺激对立的训练结束，进入第二对刺激对立的训练；若被试的正确反应率未达到80%，则继续训练该刺激对立，再次呈现20个刺激。一对刺激对立的总训练次数不超过10次，若被试连续训练10次仍不能达到80%的反应正确率，则判定被试的知觉能力“僵化”，停止训练。第二对刺激对立相比于第一对刺激对立，在典型性程度上减弱，即在第三共振峰上的差异减小，选择的是合成语音刺激材料连续体的第二个和第六个。通过这样的知觉训练，研究发现英语母语者知觉区分/d/－/ɖ/的能力有了很大程度的提高。但是该研究同时也发现，适应性知觉训练并不是对所有受训者都有效，半数以上的受训者知觉区分/d/－/ɖ/的能力没有提高。这说明受训者存在较大的个体差异，有些听者能在训练中敏锐地捕捉到刺激之间的细微差异，通过训练提升知觉区分能力；而有些听者却无法觉察出刺激间的细微差异，在整个训练中获益甚少。该结果予人以启示，实验室训练能在第二语言学习中发挥一定作用，但有其局限性，需适度使用。

张林军（2009）采用适应性知觉训练，考察了日本学习者对汉语辅音送气/不送气的范畴化知觉。训练制作了 11 个刺激材料，构成从 bā 到 pā 的连续体。刺激材料的平均强度和音高都相同，仅在 VOT 值上存在差别。11 个刺激的 VOT 值范围为 5～55ms，刺激之间的 VOT 值均相差 5ms。训练材料通过 Eprime 程序呈现，每次呈现 1 个刺激，要求被试判断所听到的是 bā 还是 pā。训练前后分别对参与者进行了知觉辨认测试和知觉区分测试。知觉辨认测试结果表明，日本学习者后测中 pā 的辨认曲线斜率显著高于前测中的，后测中 bā－pā 范畴边界（26ms）与前测中的范畴边界（19ms）差异显著。知觉区分测试结果表明，区分曲线在前测的第三对刺激对（15～25ms）、后测的第四对刺激对（20～30ms）上出现峰值。知觉辨认与区分测试的结果都显示，经过训练后日本学习者的 bā－pā 知觉范畴边界向 pā 的方向移动，朝着汉语母语者的范畴边界接近，但是与汉语母语者的边界还是存在显著差异。另外，日本学习者在训练 bā－pā 过程中获得的范畴化知觉能力还可以迁移到未在训练中出现的/t/－/t^h/对立上，他们对/t/－/t^h/的范畴化知觉模式表现出了与/p/－/p^h/类似的发展变化趋势，这说明言语知觉训练在整体上提高了受训者对汉语辅音送气/不送气特征的范畴化知觉能力。

2.1.3.3 知觉衰减训练

知觉衰减训练，就是通过语音编辑技术夸大音位范畴之间在关键声学特征上的差异，训练、引导听者去注意不同音位范畴在关键性声学特征上的差异，降低听者对其他一些非关键性声学特征的注意，使听者知觉加工非母语语音时更多地依赖在其中起关键作用的声学线索（Iverson & Bannisfer, 2005）。

英语/l/和/r/是日语母语者英语语音学习的难点。研究者从不同角度对此问题进行了探讨。根据知觉同化理论，日语没有/l/－/r/对立，音系中只有一个/r/。日语/ɾ/与美式英语/l/、/ɹ/在语音上有一定差异，但英语/l/和/ɹ/都被日本人知觉归类为日语/r/，从而导致日本人难以区分英语/l/－/r/（Guion et al., 2000）。Iverson et al.（2003）针对此问题提出了不同看法，他们发现日语母语者比英语母语者可以更好地感知/l/、/r/范畴内差异，日语母语者能比英语母语者更敏感地知觉到第二共振峰的变化，虽然英语/l/和/r/的差别主要是在第三共振峰而不是在第二共振峰上。研究者认为日本学习者学习/l/和/r/存在困难，主要原因在于学习者没有注意到英语/l/和/r/在关键声学特征——第三共振峰上的差异。因此要促进日本人学习/l/和/r/，就需要训练他们去注意关键性声学线索，降低他们对非关键性声学线索的注意与依赖。

Iverson & Bannisfer（2005）采用知觉衰减法对日本学习者进行了训练。研究采用信号处理技术对训练所用的自然语音进行了处理，提升了第三共振峰的凸显程度。第一天所用的训练材料，其第三共振峰的凸显程度与自然语音相比提高了100%（/r/的第三共振峰比第二共振峰提高了100Hz，/l/的第三共振峰比第四共振峰降低了100Hz）。随着训练的进行，训练材料中第三共振峰的凸显程度逐渐降低，至最后一天训练材料恢复为自然语音。训练结束后的测试表明，日本学习者对英语/l/－/r/的识别得到提升，训练提高了日语被试利用关键声学线索知觉英语语音的能力。

2.1.3.4 视听知觉训练

视听知觉训练，强调提供听觉信息的同时提供视觉信息，使学习者知觉加工语音时可以利用听觉、视觉等多个维度的信息，更准确地知觉音位的语音特征（Hardison，2003）。

Hazan et al.（2005）采用该方法训练了日语母语者对英语/v/－/b/的知觉加工。日语里没有唇齿音，日本人学习英语唇齿音/f/、/v/有困难。该训练利用了听觉与视觉两个通道，即在听觉呈现声音的同时利用电脑屏幕呈现发音人的嘴部发音动作，要求受训者一边注意听声音，一边注意发音人的嘴部发音动作。训练之前和训练之后进行了三类测试：听觉材料测试、视觉材料测试、视听材料测试。测试结果表明，受训者在三类不同的测试中感知英语/v/－/b/的能力都有了很大提高。视听知觉训练比单一的听觉训练更有效地促进了日本学习者对英语唇齿音—双唇音对立的感知。

2.1.3.5 言语知觉训练效果的迁移

非母语言语知觉训练效果可以迁移到非母语言语产生上，促进言语产生。Rochet（1995）利用合成的法语/bu/－/pu/连续体对说汉语普通话的人进行知觉训练。被试在训练后表现出了更接近法语母语者的 VOT 知觉范畴，其发音中的 VOT 时长也朝着法语母语者的标准接近。

Bradlow et al.（1997）考察了英语/r/－/l/的知觉辨认训练对日本成人产出/r/－/l/的作用。实验在训练前后分别记录了被试英语词（包含/r/或/l/）的发音，然后采用高度变异的刺激系列训练听者辨认/r/－/l/，所有被试都在训练后表现出了显著的知觉学习，并且能将这种概括能力应用到新说话人产出的新词上。实验采用两种方法测查知觉辨认训练对言语产生的作用：首先，让英语母语者对被试在前测和后测中的发音进行知觉等级评估，结果表明后测发音比前测有显著进步；其次，让英语母语者对被试在前测和后测中的发音进行二择一最小对辨认，结果发现后测中发音的辨认正确率更高。这说明通过知觉训练获得的关于/r/和/l/的知识迁移到言语产生上，语音知觉的改变以及从知觉上获得的知识，促进了言语产生和肌肉控制。该实验结果为了解言语知觉和言语产生的关系提供了新信息。

张林军（2009）考察了高变异知觉训练在日本学习者习得汉语辅音送气/不送气特征中的作用。训练后日本学习者的汉语送气音 VOT 值显著长于训练之前的，但是日本学习者汉语送气音的 VOT 值仍然比汉语母语者小些。

2.1.4 第二语言辅音知觉与产生关系

言语知觉与言语产生的机制和过程有着本质不同。“从功能上说，言语是由连续执行预存的发音器程序而产生的，但是言语知觉是对连续的言语单元进行范畴化和对其等级体系结构进行识别的结果。说话人知觉的言语声学特性未必跟其产生的言语声学特性相一致，这是由于各种上下文环境、人的个性和方言差异的缘故。另一方面，作出如下假定却是十分自然的：说话人说出的原始信息和同一个人作为听者时所感知的最终信息，在他的脑子里有着相同的语言表达形式。在言语产生和言语知觉之间存在更深一层的联系。”（Fujisaki，1986）随着新技术在与人类语言相关的语言学、第二语言习得、心理学、言语病理学、言语科学、计算工程等领域中的运用，人们对言语知觉与言语产生本质的了解已取得长足进展，越来越多的研究关注语言习得中声音知觉与产生的关系。

在第一语言习得中，研究者普遍认为知觉和产生关系紧密。儿童听音的发展一般要早于发音，但有时这一先后顺序也取决于具体的音（靳洪刚，1997：39）。如果说在第一语言获得的各阶段，知觉是产生的先决条件，这就意味着儿童发音中出现的替代现象是由发音困难而不是知觉困难造成的，因为儿童还没有完全学会发音姿态。例如，儿童把“dog”发成/gɑk/，他想说的是/dɔg/，但由于辅音和谐及终端阻塞音清化，“dog”最终被发成了/gɑk/。

正如第一语言习得那样，研究者也期望在第二语言习得中发现知觉和产生之间的某种逻辑关系。然而，这种关系目前还尚未探察清楚。Major（1998）指出知觉与产生关系不容易考察，因为尽管两者密切相关却不是镜像（mirror images）关系。知觉中的重要因素对于发展底层表征必不可少，而底层表征反过来又为产生提供输入。一般来说，第二语言学习者的语音偏误是由知觉困难和产生困难造成的，但对知觉困难和产生困难孰多孰少的研究却很少。

目前关于第二语言知觉与产生的关系，主要有以下两种观点：

（1）一种观点认为第二语言知觉先于产生。成年学习者要准确发出二语语音，可能需要足够的语言输入。他们的发音一定程度上是语音知觉的结果，学习者可能会调用第一语言系统来知觉。如果学习者错误知觉了与一语语音相似的二语语音，其二语发音就会受到一语的迁移影响。很多研究都认为二语习得中知觉先于发音，某些二语学习者即使不能正确产出一语中不存在的非母语语音对立，却也能正确地知觉区分它们。Flege（1995）指出二语产生正确性受限于知觉正确性。Borden et al.（1983）在实验中发现，学习英语的韩国人知觉与产出元音之前的/l/－/r/对立存在显著相关。他们设计了发音、辨认、区分、自我知觉等不同测试，其中自我知觉的提高与产出的提高相关，表明言语知觉正确可能是言语产生正确的前提。Flege et al.（1999）也发现意大利语母语者对10个英语元音的知觉与产生有显著相关。

（2）另一种观点认为第二语言产生先于知觉。知觉好未必发音好，知觉好对于发音好来说，既非必要也非充分条件。Sheldon & Strange（1982）发现日本学习者对英语对立/r/－/l/的发音比知觉更准确，特别是处在元音之前。有些日本被试在发音中能正确区分/r/和/l/，但是在知觉中不能区分。Strange（1995）认为，虽然缺乏经验的二语学习者的音段发音错误可通过知觉来预测，但当学习者掌握了音段发音后，其知觉错误依然存在。[①] 以上结果说明，二语学习者如果理解了二语发音，就可能正确发出来，而不需要准确知觉它们。

二语语音知觉与产生关系复杂，有很多因素需要考虑。学习者学习二语的年龄、学习者在目的语国居住时间长短、学习者与目的语接触程度、语音类别、一语与二语语音的相似程度等都可能给知觉与产生的关系带来一定影响。

2.2　第二语言辅音范畴产生研究

2.2.1　第二语言辅音语音偏误

二语者在使用第二语言进行交际时，大多数人所使用的第二语言形式与所学目的语的标准形式之间总是存在一定差距。这种差距表现在语言的语音、文字、词汇、语法、篇章、语用等各个层面上。第二语言习得研究把这种差距叫作“偏误”。“偏误”是第二语言学习中出现的、经常发生的、有规律的“错误”。“偏误”不同于通常所说的“错误”，“错误”可以是偶然发生的、无规律的，例如口误。母语使用中也会出现错误。第二语言学习

① 参见王韫佳：《日本学习者感知和产生普通话鼻音韵母的实验研究》，《世界汉语教学》2002年第2期。

者通过反复纠正偏误，才能使其第二语言逐渐接近目的语标准形式。第二语言语音偏误分析，主要是考察第二语言学习者发生语音偏误的规律过程、语音偏误如何产生、在第二语言学习不同阶段产生的语音偏误特点等。偏误分析为第二语言习得研究提供了一个“窗口”，以便观察“中介语”的实际运作情况。偏误分析改变了人们对学习者语言偏误的态度，使得人们不再以消极的态度来看待学习者的语言偏误，而是将其摆到正面、积极的位置。

2.2.2 第二语言辅音语音变异

语言变异是第二语言学习者中介语中普遍存在的现象。Ellis（1994：135）将第二语言学习者的语言变异分为系统变异和非系统变异两大类。系统变异主要包括三类：一是语言语境（linguistic context）造成的变异；二是情景语境（situational context）造成的变异；三是心理语言语境（psycholinguistic context）造成的变异。非系统变异即自由变异，是中介语动态发展的表现。语言变异在中介语的语音、形态、句法等层面上都有所表现。

语音变异的系统性研究主要集中在语言语境和情景语境两方面。Dickerson（1975）最早考察了语言语境对学习者语音产出的影响。她发现日本学习者在发目的语英语/z/时，随着其出现的语音环境发生变化：当/z/出现在元音前面，学习者可以完全正确地发出该音；当/z/出现在其他语音环境（/m/、/b/等辅音前，音节尾，/θ/、/t/等辅音前）中，学习者的/z/发音正确率逐步降低，他们将目的语语音发成了/z/、/s/、/dz/等五个变体。这表明学习者发目的语中某个音时，其语音产出受相邻元音或辅音的影响。

有关情景语境造成语音变异的研究主要有 Dickerson（1975）、Beebe（1980）、袁博平（1995）等。Dickerson（1975）发现学习英语的日本学习者在自由发言、朗读对话、朗读词表这三种情景语境下出现的目的语形式不同。目的语形式在朗读词表中出现最多，自由发言中出现最少，朗读对话中出现的数量介于前两者之间。此研究为 Tarone 的“中介语风格连续体”理论（the continuum of interlanguage style）（Tarone，1982、1983、1985）提供了证据。该理论把学习者的中介语系统看作由一个不同语体风格构成的连续体。连续体的一端被称作“随便体”（vernacular style），另一端被称作“严谨体”（careful style）。前者反映了学习者自然地使用语言的情况，后者反映了学习者正式地使用语言的情况。“随便体”受外部规则系统的渗透较少，有较强的内在一致性；“严谨体”则受到较多目的语规则系统或母语规则系统的渗透。学习者的中介语根据情景语境的需要在这两种语体间移动变换。每一种语体都有自己的规范。Tarone 认为，随便体的规范和严谨体的规范都是构成学习者中介语语言能力的一个部分。因此考察学习者的中介语时，应该收集不同语体的数据材料来反映不同的语言规范。Tarone 认为，语体变换是由心理语言机制，即学习者对语言形式的注意造成的。学习者在不同的情景语境中，由于对语言形式的注意程度不同而形成了不同的语体风格。当学习者对语言形式的注意很少时，其中介语表现为“随便体”；当学习者将其注意主要集中在语言形式上时，其中介语表现为“严谨体”。这些不同的语体风格构成了学习者的中介语风格连续体。这个连续体表明，学习者的语言变异受言语交际情境的制约。

但是，Beebe（1980）的研究结果却与 Dickerson（1975）不完全一致。在正式情景语境中，学习英语的成年中国台湾学习者在发英语中居于音节首位的 r 时，使用了较多母语形式，这些母语形式都是中国台湾学习者在用母语进行正式交际时使用的。Beebe 由此认为，正式情景语境中的中介语较容易受到上位规则系统（superordinate rule system）渗透，母语或目的语都可能成为上位规则系统。当母语形式具有较强社会价值（prestige value）

时，就表现出比目的语更强的渗透性。

袁博平（1995）分组统计了三组母语为英语的学生在五种情景语境下运用汉语声调的正误数据，发现在不同情景语境下学生随注意力不同，运用声调的正误形成了一个变化连续系统。

以上有关情景语境的研究表明，学习者在非正式情景语境下自然使用语言时，对语音产出监控①较差，其中介语语音就会远离目的语；在正式情景语境下使用严谨语言时，对语音产出监控较好，其中介语语音就会接近目的语或母语。

Gatbonton（1978）用扩散模式考察了 27 个学习英语的法国—加拿大学习者习得英语/h/、/θ/、/ð/过程中出现的自由变异。Gatbonton 认为，在第二语言发展过程中存在“习得”和“替代”两个主要阶段。在“习得阶段”，学习者习得目的语中某个变项的正确变体，并在所有的语境中都使用这个变体，同时使用的还有该变项的不正确变体。到了“替代阶段”，正确变体逐步取代不正确变体，自由变异消失。自由变异是学习者中介语不稳定的表现，学习者试图通过建立目的语形式和功能之间的对应关系来完善其中介语。随着中介语的完善，由于语言经济原则，自由变异逐渐消失。

① “监控”指学习者对语言形式的注意。

3　泰语母语者汉语塞擦音和擦音的知觉同化

3.1　汉语泰语辅音对比

3.1.1　汉语泰语辅音概况

汉语[①]辅音22个（林焘、王理嘉，1992：76），均为单辅音。其中20个辅音只出现在音节首音位置，1个辅音只出现在音节尾音位置，1个辅音可以出现在音节首音和尾音两个位置。

泰语辅音共有42个字母，21个音位。泰语辅音分单辅音和复辅音。单辅音分为低辅音、中辅音、高辅音三组（房英、杨万洁，2010：14）。复辅音为音节首音位置、尾音位置上出现的相连接的两个或两个以上的辅音组合（房英、杨万洁，2010：55）。泰语复辅音分为两类：一类为真复辅音，结合紧密，形式固定，由两个辅音组成，并且两个辅音的发音融合且只与一个元音拼合，包括/kw/、/kl/、/kr/、/khw/、/khl/、/khr/、/tr/、/thr/、/pl/、/pr/、/phl/、/phr/；另一类为假复辅音，结合松散，组合后或只有一个辅音发音，或发另外一个音（房英、杨万洁，2010：55~57）。

---

① 本书"汉语"均指汉语普通话。

表3－1　泰语单辅音音标表①

发音部位 / 发音方法			双唇	唇齿	舌尖	舌面	舌根（后舌面）	喉音（声带间）
破裂音	清	不送气	/p/		/t/	/c/	/k/	/ʔ/
		送气	/pʰ/		/tʰ/	/cʰ/	/kʰ/	
	浊	不送气	/b/		/d/			
擦音	清	不送气		/f/	/s/			/h/
鼻音	浊	不送气	/m/		/n/		/ŋ/	
颤音	浊	不送气			/r/			
边音	浊	不送气			/l/			
半元音	浊	不送气	/w/			/j/		

3.1.2　汉语泰语塞擦音和擦音对比

泰语母语者汉语语音习得研究表明，汉语舌尖、舌面部位的三组塞擦音和擦音是其学习难点。本研究的前期探测实验②发现，对于泰语母语者来说，汉语这三组塞擦音和擦音主要与其母语清不送气塞擦音③、清送气塞擦音、舌尖擦音发生了知觉关联。因

① 该表引自房英、杨万洁：《新编泰语语音教程》，昆明：云南人民出版社2010年版，第157页。在原表基础上稍有改动，送气符号改为"ʰ"。

② 本研究的前期探测实验选择了6名泰国人参加，实验进行时他们都已在暨南大学华文学院学习了半年左右的汉语。实验要求参与者用泰语辅音字母来转写所听到单音节辅音声母，结果表明汉语 z/c/s、zh/ch/sh、j/q/x 主要被他们转写为泰语จ、ฉ ช、ซ，即泰语清不送气塞擦音、清送气塞擦音、舌尖清擦音，转写为其他泰语辅音字母的极少。

③ 本研究将泰语的舌面不送气、送气音记为塞擦音，依据的是国际语音学会的标准（国际语音学会，2008：212）。

此，研究主要针对汉语、泰语中的这几组塞擦音、擦音进行对比。普通话 r 没有纳入考察之列。①

汉语有三组塞擦音和擦音（z/c/s、zh/ch/sh、j/q/x），其发音部位和发音方法前人已有很多论述。其中关于 z/c/s 与 zh/ch/sh 在发音部位和舌的状态上的差异讨论得比较多。李葆瑞（1959）指出，z/c/s 的发音部位是舌尖和上齿背后，发音时舌上平着向前伸。zh/ch/sh/r 的发音部位是舌尖和齿龈的后部或者硬腭的前部，如果说得确切一些，就是舌尖和齿龈与硬腭中间的棱的部分。但是实际上可以以这一个棱为中心，舌尖稍向前些或稍向后些，听起来区别是不大的。zh 组发音时是舌尖翘起向上伸。

曹剑芬（1981）比较了发 zh 组音与发 z 组音的三点不同：一是发 z 音时，舌尖顶住上齿背，舌与腭接触的位置较偏前，大约从前门齿到第一臼齿；而发 zh 音时，舌尖微微后缩，顶住硬腭的最前部，舌与腭接触的位置比 z 偏后，大约从犬齿到第二臼齿。二是发 z 音时，舌头沿舌中线前低后高；而发 zh 音时，舌头沿舌中线前高后低。三是发 z 音时，舌头自然平展；而发 zh 音时，舌尖由于后缩而略呈团状拱起，但并不向后翻卷。因此，普通话 zh 发音时并不卷舌，舌与腭接触的位置是在硬腭的前部而不是在后部。

朱川提出把舌尖后音叫作“卷舌音”不妥当，因为它发音时舌尖并不卷起。把舌尖后音叫作“翘舌音”，把舌尖前音叫作“平舌音”虽然不能算错，但这种说法也有缺点，因为它没有揭示出舌尖前音和舌尖后音的本质区别——舌腭接触位置的前后。另一方面，严格地说，发 zh 组音时主要动作是舌体前推、舌尖后缩。zh/ch/sh 发音时舌面纵向形成凹槽，而横向形成凹槽使舌尖

① 汉语语音教学实践以及本研究的前期探测实验结果都表明，泰语母语者主要是把汉语 r 与 l 相混淆。

略呈翘起状的只有 ch；相反，z/c/s 发音时，舌面全部都呈现纵向及横向凹槽而使舌尖舌根两头翘起来了。从两组音舌面凹槽状况来看，zh 完全不存在横向凹槽，也就是说一点也不“翘”，它发音时，舌面形成慢坡形；ch 发音时，舌面后部有纵向凹槽，整个舌面成马鞍形，是翘起的；sh 发音时，主要是纵向凹槽，也有的同时形成横向凹槽的，有些就一点也不翘。而在 z 组发音时，z/c/s 都存在横向凹槽，所以舌尖都是往上翘起的。（朱川，1997：33～34）

关于汉语三组塞擦音和擦音，也有很多研究对其声学特征进行了考察。

对汉语辅音音长的研究表明，音长与送气状态有直接关系，音长按不送气塞音（b/d/g）、不送气塞擦音（j/zh/z）、浊音（m/n/l/r/ng）、送气塞音（p/t/k）、擦音（f/h/x/sh/s）、送气塞擦音（q/ch/c）这一顺序逐渐加大。若以不送气塞音音长进行归一，大体上为 1∶3∶5∶6∶8∶8 的比例关系。辅音音长与发音部位关系不大，与声调、全音节长度关系不大。但送气塞擦音受后接元音影响，元音开口度大则送气塞擦音音长短。在连读中，前后两音节中的辅音长度与所在前后位置无关。（齐士钤、张家騄，1982）塞擦音与擦音的主要差别之一就是摩擦段的时长：擦音的摩擦段时长最长，一般都为 70ms 以上；塞擦音的摩擦段时长一般为 0～60ms（吴宗济、林茂灿，1989：201）。

汉语/s/、/ʂ/、/ɕ/三个擦音的长度差不多，其中心频率都比较高，频率下限都非常清晰而稳定。这三组擦音的主要区别在于它们的下限频率有明显不同：/s/下限最高，/ɕ/次之，/ʂ/下限最低。这三组擦音延续较长，又常同后接的元音或介音部位接近，因此音征走势一般是“平”的。辅音和元音的界限不明确，音征长度的测量比较困难，这类擦音的除阻段较长，足够提供识别的信息，不必依靠音征来起作用。（吴宗济、林茂灿，1989：133）

表 3 –2 汉语擦音 s/sh/x 的频谱模式①

汉语擦音		汉语擦音频谱模式
/s/	不圆唇，出现在/ɿ/前	频谱图上摩擦能量分布的下限频率很高，一般在 4 000Hz 以上，主要的频谱能量都集中在 5 000Hz以上。
	圆唇，出现在/u/前	下限和第一个强频区的频率都比不圆唇/s/有所降低，头一个强频区的最低频率可达 3 500Hz。
/ʂ/	不圆唇，出现在/ɤ/前	在 5 000Hz 以下一般有两个较明显的强频区，一个在 1 700Hz 左右，一个在 3 000Hz 以上。
	圆唇，出现在/u/前	头两个强频区的位置低于不圆唇/ʂ/，同时有一个从高向低移动的过程，最低频率分别达 1 200Hz和 3 200Hz 左右。
/ɕ/	不圆唇，出现在/i/前	在 5 000Hz 以下也有两个较明显的强频区，频率分别为 3 000Hz 和 4 000Hz 左右。
	圆唇，出现在/y/前	跟不圆唇的变体相比，强频区频率更低，并且在起始后进一步向低处下移，两个强频区的频率最低时可分别达 2 500Hz 和 3 200Hz 左右。

冉启斌（2007）通过测量普通话塞擦音声母时长，发现舌尖后音声母 zh、ch 往往短于其他塞擦音。研究认为，普通话 zh、ch 声母在纯粹的语音性质上并非完全的塞擦音，而是接近于爆发音。文章同时也梳理了对 zh、ch 等声母认识的历史，认为在音系

① 该表根据以下文献整理而成：吴宗济、林茂灿：《实验语音学概要》，北京：高等教育出版社 1989 年版，第 197 ~198 页。

分析上将 zh、ch 处理为塞擦音还是比较合适的。

陈嘉猷和鲍怀翘（2003）详细介绍了利用动态腭位图和三维语图相结合的方法测量汉语普通话塞音、塞擦音发音过程中的几个时间点，进而计算出发音过程中的七个时间段（前成阻段、后成阻段、成阻段、持阻段、GAP、VOT 时长、C2 时长），并揭示了它们之间的相互关系。研究表明，通过利用 VOT 均值特征能够明显地把普通话塞音（送气/不送气）、塞擦音（送气/不送气）从类别上区分开来。相同发音方法的辅音具有相同或相似的 VOT。VOT 由塞音、塞擦音的固有性质决定，其时长只与发音方法有关，而与发音部位关系很小，且不因外界条件改变，而保持相对稳定的时间长度。塞音比塞擦音、不送气音比送气音需要更长的时间来积蓄口内气压的能量。

泰语辅音在舌尖、舌面部位有塞擦音一对、擦音一个，分别为不送气清塞擦音จ、送气清塞擦音ฉ/ช/ฌ、舌尖清擦音ส/ศ/ษ/ซ。泰语送气清塞擦音三个辅音字母ฉ/ช/ฌ的差异表现为声调不同，泰语舌尖清擦音四个辅音字母ส/ศ/ษ/ซ的差异也表现为声调不同（黄进炎、林秀梅，2003：33）。潘德鼎（2005：6、50、68）详细描述了这三个音的发音部位和发音方法：泰语不送气清塞擦音发音时，舌尖轻抵下齿背，舌面隆起贴住硬腭形成阻碍，然后气流冲破阻碍，并在舌面和硬腭间稍成摩擦形成；泰语送气清塞擦音发音时，发音部位与不送气塞擦音的相同，只是发音时有较强的气流送出；泰语舌尖擦音发音时，舌端靠近齿背，气流从舌端和齿背间摩擦而出。

由于跨语言语音学习不仅涉及音位或区别特征水平的对比分析，更需要从语音水平来进行对比，因此研究对汉语泰语的塞擦音和擦音进行了语音对比。从塞擦音的对比来看，汉语的三对塞擦音都是清音，相同发音部位的塞擦音以送气/不送气为特征相互对立，起区别意义的作用。泰语的一对塞擦音也是清音，也以送气/不送气为特征相互对立。因此，汉语和泰语塞擦音的差异主要表现为发音部位不同（见表 3－3）。发音部位的对比表明，泰语塞擦音在发音部位上最接近汉语舌面前硬腭塞擦音。①

表 3－3　汉语泰语塞擦音发音部位对比②

	泰语塞擦音 จ/ฉ/ช/ฌ	汉语塞擦音 z/c	汉语塞擦音 zh/ch	汉语塞擦音 j/q
发音部位	舌面前硬腭（舌尖轻抵下齿背，舌面隆起贴住硬腭形成阻碍，然后气流冲破阻碍，并在舌面和硬腭间稍成摩擦形成此音。）	舌尖齿背（舌尖抵住上齿，相成完全的闭塞，然后气流把舌尖的阻碍冲开一道细缝并从中挤出，形成擦音。）	舌尖齿龈后（舌尖抬高抵住硬腭前部，形成完全的阻塞，然后气流把舌、腭的阻碍冲开一道缝并从中挤出，形成擦音。）	前舌面前硬腭（舌面前部先抵住硬腭，把口腔通道完全堵住，然后气流把舌、腭的阻碍冲开一道细缝并从中挤出，形成擦音。）

关于泰语不送气清塞擦音、送气清塞擦音的记音符号，学界目前有多种意见：

---

① 笔者曾就此问题与泰国学者进行了交流。泰国学者认为，汉语 z、zh、j 这三个音中，j 最接近泰语จ，汉语“ji、jian、jin、jing、jiang、jie”等都很接近泰语语音。严格意义上来说，汉语 z 和 zh 这两个音的发音部位在泰语中都没有。泰国学生往往不能辨别和发出 z 和 zh 这两个音，相对来说，掌握汉语 j 则比较快。

② 该表根据以下文献整理而成：林焘、王理嘉：《语音学教程》，北京：北京大学出版社 1992 年版，第 62～63、76～77 页；曹文：《汉语发音与纠音》，北京：北京大学出版社 2000 年版，第 28～30、39～40 页；潘德鼎：《泰语教程》（第一册），北京：北京大学出版社 2005 年版，第 6、50、68 页。

（1）/ts/、/ts'/（吉娜、简启贤，2004；何漓，2007）。

（2）/tʂ/、/tʂ'/（陈晨，2008）。

（3）/tʃ/、/tʃ'/（孙汉萍，1995；Kenstowicz & Suchato，2006）。

（4）/tɕ/、/tɕʰ/（国际语音学会，2008：212）。

（5）/c/、/c'/（傅增有，1996：3～4）。

为了确定泰语塞擦音的音值，本研究收集了泰语母语者的泰语塞擦音发音录音进行听辨分析，元音环境为/i/和/ɔ/。听辨结果表明，当泰语塞擦音处在元音/i/前时，其音值为/tɕ/、/tɕʰ/。当泰语塞擦音处在元音/ɔ/前，因发音人的不同存在变异：有的泰国人发音时接触点靠前一点，音值接近汉语的舌尖齿背音/ts/、/tsʰ/；有的泰国人发音时接触点靠后一点，音值接近汉语的舌尖齿龈后音/tʂ/、/tʂʰ/；有的泰国人发音时接触点居中，介于汉语舌尖齿背与舌尖齿龈后之间。由于泰语中只有一组塞擦音，发音时接触点的前后稍许移动不会造成意义上的对立，这就不像汉语塞擦音有三组，接触点上的前后稍许移动就产生了意义的不同。基于上述汉泰辅音对比，本研究记录泰语塞擦音选用了国际语音学会标准——/tɕ/、/tɕʰ/（国际语音学会，2008：212）。

从汉语泰语擦音的对比来看，汉语的三个舌尖舌面擦音都是清音，泰语的舌尖擦音也为清音，它们的差异主要表现为发音部位不同（见表3－4）。发音部位的对比表明，泰语擦音在发音部位上最接近汉语/s/。另外，关于泰语擦音ส/ศ/ษ/ซ的记音符号，学界意见一致，均将其记为/s/（傅增有，1996：3～4；吉娜、简启贤，2004；国际语音学会，2008：212；房英、杨万洁，2010：32）。基于上述汉泰辅音对比，本研究将泰语擦音记录为/s/。

表 3-4 汉语泰语擦音发音部位对比①

	泰语擦音 ส/ศ/ษ/ซ	汉语擦音 s	汉语擦音 sh	汉语擦音 x
发音部位	舌端齿背 （舌端靠近齿背，气流从舌端和齿背间摩擦而出。）	舌尖齿背 （舌尖轻轻抵住下齿龈，舌叶部分指向上齿，使气流从很小的细缝中挤擦而出。）	舌尖齿龈后 （舌尖抬起指向硬腭前部，同时舌体向后运动，气流从舌、腭形成的细缝中摩擦而出。）	前舌面前硬腭 （舌面前部接近硬腭前部，舌尖比较放松，常贴住下齿，气流从舌、腭形成的细缝中摩擦而出。）

综合上述汉语泰语塞擦音和擦音的对比分析，汉语这三组塞擦音中汉语舌面前硬腭塞擦音/tɕ/、/tɕʰ/与泰语塞擦音在发音部位上最接近；汉语舌尖齿背塞擦音/ts/、/tsʰ/，舌尖齿龈后塞擦音/tʂ/、/tʂʰ/与泰语塞擦音在发音部位上有一定差异。汉语舌尖齿背擦音/s/与泰语擦音的发音部位比较一致，汉语舌尖齿龈后擦音/ʂ/、舌面前硬腭擦音/ɕ/与泰语擦音的发音部位有一定差异。

3.1.3 汉语泰语塞擦音和擦音所处元音环境对比

第二语言辅音的知觉与发音会受到语音环境的影响，辅音所处元音环境是影响因素之一。由于汉语泰语塞擦音和擦音所处元

① 该表根据以下文献整理而成：林焘、王理嘉：《语音学教程》，北京：北京大学出版社 1992 年版，第 62~63、76~77 页；曹文：《汉语发音与纠音》，北京：北京大学出版社 2000 年版，第 28~30、39~40 页；潘德鼎：《泰语教程》（第一册），北京：北京大学出版社 2005 年版，第 6、50、68 页。

音环境数量众多，因此研究仅选择了它们出现的单元音环境进行简要对比。

泰语元音数量众多，分为单元音和复元音。单元音 18 个，包括 9 个长元音和 9 个短元音，分别是/i/－/iː/、/ɯ/－/ɯː/、/u/－/uː/、/e/－/eː/、/o/－/oː/、/ə/－/əː/、/æ/－/æː/、/ɔ/－/ɔː/、/a/－/aː/（房英、杨万洁，2010：10）。

汉语单元音韵母共 8 个，包括 6 个舌面元音韵母/i/、/u/、/y/、/o/、/ɤ/、/a/，2 个舌尖元音韵母/ɿ/、/ʅ/。除以上单元音外，普通话还有两个舌面元音可以作为单元音出现在音节中，但出现条件有比较大的限制：一个是/ə/，只出现在普通话轻音音节中，读轻音的“的、了、着”等字的元音就是/ə/，发音时音节比较短，肌肉也比较松，和其他单元音比较，轻音音节中的/ə/应该属于短元音和松元音；另一个是/ɛ/，单独使用时只限于语气词“诶”，读音很不稳定。（林焘、王理嘉，1992：48～49）

从汉语泰语塞擦音和擦音与单元音的组合（见表 3－5）来看，泰语塞擦音、擦音可以出现的单元音环境比较多，有/i/、/ɯ/、/u/、/e/、/o/、/ə/、/ɔ/、/æ/、/a/。泰语单元音没有/y/、/ɤ/、/ɿ/、/ʅ/，泰语塞擦音、擦音不出现在这些单元音环境中。汉语这三组塞擦音/擦音与舌面单元音的组合呈互补分布，z/c/s 和 zh/ch/sh 可与/u/、/ɤ/、/a/组合，j/q/x 可与/i/、/y/组合。另外，z/c/s、zh/ch/sh 还可分别与舌尖前元音/ɿ/、舌尖后元音/ʅ/组合。

表 3－5 汉语泰语塞擦音和擦音所处单元音环境①

塞擦音/擦音	单元音环境												
	/i/	/y/	/ɯ/	/u/	/e/	/ɤ/	/o/	/ə/	/ɔ/	/æ/	/a/	/ɿ/	/ʅ/
汉语 z/c/s				+		+					+	+	
汉语 zh/ch/sh				+		+					+		+
汉语 j/q/x	+	+											
泰语 จ/ฉ/ช/ฌ	+		+	+	+		+	+	+	+	+		
泰语 ส/ศ/ษ/ซ	+		+	+	+		+	+	+	+	+		

3.2 知觉同化模型

现代认知心理学研究表明，当我们面临一个新的事物、问题或情境时，我们总是先把它归入某一类别，然后运用这一类别的有关知识决定采取何种行动（韩劢、莫雷，2000）。在归类研究的各种理论中，早期的规则理论认为，概念和类别是由一些充分并且必要的特征构成，根据这些充分必要特征可以明确地识别新事物是否属于某个类别。后来提出的原型观则认为，大脑中贮存了各个类别的抽象概括表征，“抽象概括表征”被称为原型。一

① 该表根据以下文献整理而成：曹文：《现代汉语语音答问》，北京：北京大学出版社 2010 年版，第 156～158 页；房英、杨万洁：《新编泰语语音教程》，昆明：云南人民出版社 2010 年版，第 159～160 页。

个类别的原型是由这个类别中各个样例的特征的中心趋势构成的，对新样例的分类是依据该样例与原型的相似性决定的。近来占优势的样例观，则认为大脑中的类别是由一套样例构成的，对新样例的分类是依据该样例与已贮存样例的相似性决定的（莫雷、常建芳，2003）。原型观和样例观所提出的归类标准都是以相似性为基础，不同之处在于，原型观考察新样例与抽象概括表征的相似性，样例观则考察新样例与已贮存样例的相似性。

当第二语言学习者接触到第二语言语音时，同样也会运用已有的母语音系知识对二语语音进行归类，然后根据该类别的知识来行动，这是一种普遍的认知过程。对于那些已经获得母语音系或正在获得母语音系的听者来说，言语知觉的注意可能主要集中于音位水平，必然会将所接收到的言语声音知觉同化到母语音位范畴，只要有这种可能，同化就会发生，无论这些声音是母语的还是非母语的（Best et al.，1988）。

Best et al.（1988）在调查母语为美式英语的成人和婴儿区分祖鲁语（Zulu）吸气音（Click）时发现，讲美式英语的成人可以很好地区分这些辅音对立，6～8 个月直至 12～14 个月的婴儿对这类辅音对立也能较好地区分。Best 的研究表明，成人在知觉加工未接触过的外语语音时，一些外语语音对立比另一些容易区分。事实上，即使听者从未接触过某些外语语音对立，他们也可以较容易地区分开。与此相反的是，还有一些外语语音对立则难以区分。

在此基础上，Best 提出了知觉同化模型（perceptual assimilation model）（Best，1995）。该模型指出，母语音系等同归类（equivalence classification）知识（隐性或显性）强烈地影响了听者的非母语言语知觉，听者在任何情况下都可能将非母语音子知觉同化到母语音位中，同化的基础是听者觉察到非母语音子与母语音位在发音器官、阻碍位置（constriction location）、阻碍程度

（constriction degree）上的共同性。外语语音和与其最接近的一语语音之间的知觉距离，是造成非母语语音对立区分难度存在差异的原因。

知觉同化模型认为，非母语音子被知觉同化为母语音位有以下三种可能方式：

（1）作为某个母语音位的范畴样例（categorized exemplar）。至于与母语音位范畴的相似度（goodness of fit），则可能好，也可能差。

（2）作为无法范畴化的元音或辅音，落入两个母语音位之间的某处。例如，一个非母语音子大致与两个或多个母语音位相似。

（3）作为无法同化的非言语声音，与任何母语音位都没有可觉察到的相似性。

成人对非母语语音对立的区分水平，可以根据非母语语音被母语音位同化的方式来进行预测。细分下来，有以下六种可能：

（1）TC 型（two category assimilation），两个非母语音子分别与不同母语音位相似，被同化为两个不同母语音位。听者很容易区分。

（2）SC 型（single category assimilation），两个非母语音子被同化为一个母语音位，且它们与母语音位的相似度一样。听者很难区分。

（3）CG 型（category goodness difference），两个非母语音子被同化为一个母语音位，但它们与母语音位的相似度不一样。听者也很好区分，但不如 TC 型。

（4）UC 型（uncategorized - categorized pair），两个非母语音子，一个被范畴化，另一个无法范畴化。这种与 TC 型一样容易区分。

（5）US 型（uncategorized speech segments），两个非母语音子

都是无法范畴化的言语音段。这种情况受母语音系等同归类的影响较弱，区分难易度介于一般与好之间。

（6）NA 型（non - assimilable nonspeech sounds），两个非母语音子发音特征都与母语音位有很大差异，被知觉为无法同化的非言语声音。这种情况的区分取决于两音子之间的差异以及它们与母语音位的距离。

知觉同化模型由此总结，成人区分非母语语音对立，母语音系所起作用可能有三种——阻碍、促进、不起作用，这主要取决于非母语语音对立如何与母语音位、母语对立发生关系。该模型广泛应用于第二语言习得领域，适宜解释成人二语学习初期阶段，学习者在二语学习开始之前或二语学习刚开始时如何知觉二语语音对立、一语经验如何影响二语学习者行为等。

Strange et al.（1998）考察了日本人对美式英语 11 个元音的知觉同化。元音出现在双音节/hVbɑ/、嵌在承载句中的音节/hVb/这两种环境下，要求日本听者选择与每个美式元音最相似的日语元音范畴，并用七点量表评估范畴相似度。实验结果表明，5 个日语元音对英语元音的同化方式（频谱同化方式）可以通过跨语言语音相似性来预测。在双音节和句子两种环境下，11 个英语元音中有 4 个元音的频谱同化方式存在差异，英语长短元音同化为日语长短元音的方式也有很大差异，只有在句子中出现的英语长元音才被知觉同化为与其相似的日语长元音。当将双音节/hVbɑ/中的/ɑ/缩短后，英语长元音知觉同化为日语长音范畴的方式并没有变化，说明在句子环境下日本人之所以能对英语长短元音作出比较好的区分是因为时长提供了更大的韵律环境。关于刺激的声学分析表明，部分因发音人和环境不同而造成的频谱、时长同化方式的差异是由声学结构特征造成的。

Best et al.（2001）根据发音音系原则选择了祖鲁语（Zulu）的三对辅音对立——/ɬ/ - /ɮ/、/kʰ/ - /k'/和/b/ - /ɓ/，考察英语

母语者对它们的知觉同化类型以及区分水平。结果表明，英语母语者对 TC 同化型的/ɬ/ – /ɮ/对立区分得最好，对 CG 同化型的/kʰ/ – /k'/区分得较好，对 SC 同化型的/b/ – /ɓ/区分得最差，验证了知觉同化模型。Guion et al.（2000）将知觉同化模型扩展到二语自然习得中，英语与日语辅音之间的知觉距离可以预测出学习英语的日语母语者对英语辅音的区分水平。

王韫佳（2001）以知觉同化模型作为实验设计的理论基础，初步考察了 68 名韩国学习者、28 名日本学习者对汉语高元音的感知。研究选用包含汉语元音/i/、/u/、/y/、/ʅ/、/ɤ/在内的单音节或双音节词作为实验材料，由一位普通话标准的女发音人以朗读语速录音，被试听录音材料并在以拼音形式出现的候选项中选择其一（/i/ – /u/ – /y/、/ian/ – /uan/ – /yan/、/i ɛ/ – /y ɛ/、/ian/ – /yan/、/ɤ / – /ʅ/ – /u/、/ʅ/ – /a/ – /ɤ /、/ɤ / – /ʅ/、/u/ – /ɤ/、/ɤ/ – /a/）。研究结果表明，/y/是韩日两国学习者感知正确率最低的高元音，/y/主要被错误感知为不圆唇元音/i/，其次被错误感知为后圆唇元音/u/，在感知范畴的归类上可以认为/y/与/i/被听者归为一类。日本学习者感知/y/的困难度大于韩国学习者，日本学习者所感知到的/y/ – /i/相似度大于韩国学习者所感知到的。声母感知错误在一定程度上影响了元音的感知类型。韩国、日本学习者对普通话高元音的感知模型既与母语的区别性系统相关，又与人类语音系统的普遍性相关。研究者以此结果为基础，提出了对知觉同化模型的补充：新音位不可能被均衡地同化为母语中的两个范畴；当母语的区别性特征不能完全决定二语中新音位的范畴归类时，起决定作用的是普遍语法。

知觉同化模型中，探察两种语言语音的知觉关系非常重要。第二语言语音习得中，成人初学者常将二语语音看作是与之最接近的一语语音样例，并相应作出产出。因此，考察二语与一语语音的知觉关系有助于了解二语经验缺乏的成人学习者如何产出二语语音（Flege et al.，1997）。并且，如果言语知觉过程具有适应性（Best & Strange，1992），如果学习者可以为某些二语语音建立新语音范畴（Flege，1995），那么二语与一语辅音的知觉关系可能会在习得过程中发生变化，知觉上的变化随之又会导致发音上的变化。研究者在第二语言辅音习得中采用了不同方法来探察二语与一语辅音之间的知觉关系，主要有以下两种（Flege et al.，1997）：

（1）语音符号。

该方法将两种语言的语音符号进行对比。二语辅音符号如果没有用来记录任何一语辅音，这样的二语辅音则被归类为一语中不存在的“新音”；二语辅音符号如果同样也用来记录一语辅音，这样的二语辅音则被归类为与一语“相同”或“相似”的音。语音学家还在语音符号比较的基础上补充了语音听觉与发音方面的描述。

语音符号方法有其价值，但可能不能完全有效地探察出二语与一语辅音之间的知觉关系，原因有两个方面：第一，语音符号可能因语言而不同，即便使用相同国际音标符号记录的辅音也可能存在系统差异。吴宗济先生在此问题上曾经谈到过：“我们根本无法确认 IPA 使用同样的符号记录的波兰话/ç/与北京话/ç/是否相同。”（吴宗济，2004：28）对于音系学家来说，语音的细节可能不是那么重要，但对于想要教学生如何才能避免外国口音的语音学家来说，语音细节确是很重要（吴宗济，2004：25）。第二，第二语言语音习得研究主要针对学习者展开，语音学家的知觉判断可能不能完全代表未经语音学专业训练的二语学习者的知觉判断。

（2）跨语言匹配。

跨语言匹配是目前探察二语与一语辅音知觉关系比较常用的方法，包括两个步骤（Schmidt，1996）：第一步是“等同归类”

(equivalence classification)。让二语经验缺乏且没有受过语音学专业训练的听者，用一语语音范畴来辨认二语语音范畴的多个自然样例，即听者用一语语音转写、记录二语语音。第二步是"相似度"（goodness）评估。在"等同归类"结果的基础上，听者对二语语音范畴的多个自然样例与相应一语语音范畴的相似度进行评估，采用的是等级量表形式（Guion et al.，2000）。

辅音的跨语言匹配研究表明，有的二语辅音样例被二语者比较一致地判定为某个一语辅音范畴的"好"样例；有的二语辅音也被比较一致地判定为某个一语辅音范畴的样例，但不是"好"样例；还有的二语辅音被判定为多个一语辅音范畴的样例，但都不是"好"样例。研究者根据上述三种匹配类型将二语语音分类为"与一语语音相同"、"与一语语音相似"和"新音"，并假设"新音"的学习最终会比"相似音"更成功，因为二语者更可能为新音建立独立于一语的新范畴（Flege et al.，1997）。

第二语言语音习得过程中，二语者所感知到的二语与一语辅音的关系可能会随着其二语经验的增多而发生变化。如果要考察二语经验对这种知觉关系的影响，可以将二语经验丰富的学习者与二语初学者的跨语言辅音匹配结果进行比较。

3.3　泰语母语者汉语塞擦音和擦音的语音偏误

泰语母语者汉语语音学习中，舌尖舌面部位的塞擦音和擦音是比较大的发音困难。李红印（1995）指出，泰国学生在汉语声母发音上的"痼疾"是发不好卷舌音。泰语没有卷舌音，学生常以其母语舌面音/c/、/c^h/和舌端音/s/来代替，结果"老师"说成了"lǎosī"，"吃饭"说成了"qīfàn"，"知道"说成了"jīdào"或"zīdào"。另外，泰语中没有/ç/，泰国学生发音特别困难，结果"大熊猫"变成了"大穷猫"，姓"熊"的都变成了姓"穷"

的（素香，2005）。

对于泰语母语者的发音困难，已有研究主要从偏误分析的角度进行了考察，探讨了母语音系在发音偏误产生中的作用。孙汉萍（1995）指出，普通话舌尖前塞擦音 z/c 和舌尖后音 zh/ch/sh 在泰语中都没有相应的音，泰国学生就用擦音 s 代替 z 和 c，用发音部位相近的泰语舌面音/tʃ/、/tʃʰ/替代 zh/ch/sh。由于不同学者在泰语塞擦音的音值上存在不同意见，因此对语音偏误的分析也有不同意见。吉娜和简启贤（2004）认为，泰语送气塞擦音ฉ的拉丁文转写形式为 ch，实际音值为/tsʰ/。泰语送气塞擦音与汉语 ch 的拉丁文转写形式一致，造成泰国学生把汉语 ch 发成/tsʰ/。泰语塞擦音的实际音值为/ts/、/tsʰ/，泰语辅音没有与汉语 j/q 相同的音，泰国学生初学汉语时既把泰语塞擦音/ts/、/tsʰ/拿来对应汉语 z/c，又把它们拿来对应汉语 j/q。

对泰语母语者汉语塞擦音和擦音的偏误形式作出详细描述和声学分析的是蔡整莹和曹文（2002）的研究，他们指出泰国学生在汉语声母 j/q/x/z/c/zh/ch/sh 发音上的问题是：j/q 的发音类似舌面中音/c/、/cʰ/；q 的发音有的送气不明显，有的发成/tʃʰ/；x 的发音有的发成/ʂ/，有的发成/ʃ/，多数发成/s/；z 的发音介于/tʂ/和/ts/之间；c 的发音介于/tʂʰ/和/tsʰ/之间，极似舌叶音/tʃ/、/tʃʰ/；zh 的发音舌尖多未靠后；ch 的发音破擦不够，有时听起来像/ʂ/；sh 的发音有的发成/s/。声母问题最突出的是舌面前擦音 x/ɕ/，错误率为 100%。声学分析表明，泰国学生发的“x”能量峰值高并集中在 5 400Hz；中国人发的“x”发音能量分布较均匀，分别在 3 600Hz、4 800Hz、5 700Hz 等处出现峰值。这说明泰国学生“x”发音时声道收紧点偏前而且湍流较强，是一个类似/s/的发音。大部分泰国学生主要是用/s/代替/ɕ/，也有一部分学生将/ɕ/发成/ʃ/或/ʂ/。

表 3－6　泰语母语者汉语 z/c/s、zh/ch/sh、j/q/x 的发音偏误①

汉语辅音	泰语母语者汉语塞擦音和擦音的发音偏误形式
z	/c/、/cʰ/、/tsʰ/、/ʈʂ/、/tʃ/、/dʒ/、/ʂ/
c	/cʰ/、/kʰ/、/ʈʂʰ/、/tʃ/、/tʃʰ/、/s/、/ʂ/、/ʃ/
s	/tsʰ/、/ʂ/、/ʃ/
zh	/c/、/ts/、/ʂ/、/ʃ/
ch	/c/、/cʰ/、/tsʰ/、/tʃ/、/tç/、/s/、/ʂ/、/ʃ/
sh	/tsʰ/、/ʈʂʰ/、/s/、/ʃ/
j	/c/、/ts/、/dʒ/
q	/cʰ/、/tʃʰ/、/s/、/ç/
x	/s/、/ʂ/、/ʃ/

上述泰语母语者汉语语音习得研究主要都是从言语产生的角度作出的分析，都是对学习者中介语语音的静态偏误分析。偏误分析是研究二语语音非常重要的方法，但二语语音习得研究除了进行偏误分析外，还需要通过对偏误的考察来深入探讨二语习得过程中的心理机制。因此，还有必要从下述两个方面对泰语母语者汉语辅音范畴习得进行深入细致的考察：

（1）泰语母语者汉语辅音范畴习得的知觉研究。

偏误分析主要是基于二语言语产生（发音）来进行，对言语知觉这个层面则未涉及。根据已有的二语语音习得研究成果，学习者在第二语言音段产出中始终存在“外国口音”，一部分原因可从知觉的角度来探察。由于学习者将二语音段知觉同化到一语

① 该表根据以下文献整理而成：蔡整莹、曹文：《泰国学生汉语语音偏误分析》，《世界汉语教学》2002 年第 2 期；陈娥：《泰国学生汉语习得中的语音偏误研究》，云南师范大学硕士学位论文，2006 年。

音系范畴，甚至在使用二语多年后仍未辨明一语与二语相似音段间的差异、二语音段之间的差异，这种知觉上的“等同”也就造成了发音上的“等同”，使得学习者的二语语音始终摆脱不了“口音”。因此，有必要进一步从言语知觉的角度来考察泰语母语者的汉语辅音习得，包括跨语言言语知觉同化、言语知觉学习、言语知觉区分、言语知觉与产生关系等。

（2）泰语母语者汉语辅音范畴习得的发展性研究。

发展性是二语习得研究的一个重要特征。严格意义上讲，发展性研究需要对被试进行历时纵向跟踪。在一定条件下，也可采用横向研究方法，截取处在不同习得阶段的学习者群体，观察不同学习者群体的差异，间接探察语言习得的发展过程。目前有关泰语母语者汉语语音习得的研究成果，比较多的是对静态某一阶段的关注，因此还有必要对习得过程进行动态考察，了解泰语母语者的汉语语音习得如何从前期阶段一步步发展到后期阶段。

3.4 实验目的[①]

本实验目的是考察泰语母语者如何利用母语音系对汉语塞擦音和擦音进行知觉同化。探察的问题有：泰语母语者如何在知觉上加工汉语的三组塞擦音和擦音；对于没有受过语音学专业训练的泰语母语者来说，他们所感知到的汉语和泰语塞擦音、擦音之间的关系如何；泰语母语者在对汉语塞擦音和擦音进行知觉加工时，是将它们判断为母语中不存在的音，还是将它们纳入了母语音系范畴。具体包括下述四个方面：

（1）泰语母语者是否把汉语塞擦音、擦音知觉同化到泰语辅

① 本实验部分内容以《泰国学习者汉语塞擦音的知觉同化与区分》为题发表于《世界汉语教学》2011 年第 2 期。

音范畴？他们是如何同化的？

（2）泰语母语者对汉语塞擦音、擦音知觉同化是否受到元音环境影响？

（3）泰语母语者对汉语塞擦音、擦音知觉同化是否受到目的语国二语学习时间的影响？

（4）泰语母语者对汉语塞擦音、擦音知觉判断的性质，是将其评判为与母语“相同”、与母语“相似”，还是母语中不存在的“新音”？

本实验的预期假设是：对于泰语母语者来说，由于汉语泰语塞擦音、擦音之间的差异还不够大到足以让他们将汉语 z/c/s、zh/ch/sh、j/q/x 知觉评判为独立于泰语的新语音范畴，因此泰语辅音强大的知觉同化作用会将汉语辅音纳入泰语语音范畴，形成一个包括一语语音与二语语音的融合范畴。汉语辅音所处元音环境会对跨语言辅音知觉同化产生一定影响。随着泰语母语者在目的语国二语学习时间的增长，他们所形成的汉泰辅音之间的知觉关系可能会发生变化。

3.5　实验方法

3.5.1　被试

泰语母语者 54 人，女 27 人，男 27 人；测试期间被试均在广州暨南大学华文学院学习汉语。根据在目的语国二语学习时间长短（即在广州学习汉语时间长短），将被试分为三组：3 个月、15 个月、27 个月。这三组被试在华文学院也相应地分处在三个年级：一年级、二年级、三年级。被试中华裔 32 人，非华裔 22 人。华裔被试中有 10 人不清楚自己的汉语方言，有 13 人的汉语方言为潮汕话，还有部分华裔的方言为客家话、粤语等。为避免汉语方言对被试普通话语音习得的影响，实验对华裔被试的汉语方言水平进行了控制，华裔被试均完全不会汉语方言或方言水平比较低，仅有3名华裔会说汉语方言的日常用语。另外，实验也将被试年龄控制在18～24岁（有2人25岁，1人27岁）。被试听力正常，实验后付给少量报酬。

表3-7 参加实验的泰语母语者基本情况

泰语母语者	目的语国汉语学习时间（月）	人数（个）	平均年龄（岁）	男女比例	华裔非华裔比例
第一组	3	18	21	9:9	14:4
第二组	15	18	20	8:10	7:11
第三组	27	18	21	10:8	11:7

3.5.2 实验材料

声母为普通话 z/c/s、zh/ch/sh、j/q/x 的 CV 结构单音节共36个。实验对辅音所在音节的声调进行了匹配①，每个音节分别配阴平、阳平（或上声）两种声调，阳平（或上声）的选择由普通话声、韵、调配合规律决定，阳平作为第一选择，没有阳平的选上声②。实验也匹配了辅音后接元音，选择了两类单元音：一类是泰语母语者熟悉、汉泰语中都有的，即/a/、/i/；另一类是

① 实验没有将汉语塞擦音所在音节的声调作为自变量来考察，是因为在前期探测实验中没有发现声调对跨语言辅音知觉同化的影响。

② 实验只将声调分为高起点和非高起点两类。普通话四个声调中，阴平和去声是高起点，阳平和上声是低起点，在两类声调中各选择一个用于实验。高起点的声调，实验选择了阴平；低起点的声调，实验选择了阳平、上声，这是因为受到普通话声韵调搭配的限制，仅用阳平或仅用上声不足以匹配。

泰语母语者不熟悉、汉语中有而泰语没有的，即/y/、/ʅ/、/ɿ/。CV 结构单音节的声韵调搭配见表 3－8。

实验材料通过 2 名普通话标准的发音人（1 男 1 女）的录音得到，总计以 36 个汉语单音节作为目标项，另有干扰项 8 个，合计 44 个。实验材料随机排序，发音人口齿清楚，以朗读语速念一遍 44 个项目。选择男发音人的奇数项与女发音人的偶数项，得到 44 个实验刺激。同一个刺激连续播放 2 次，间隔 0.5 秒；不同刺激之间间隔 4 秒。

表 3－8　知觉同化实验材料所用汉语 CV 结构单音节的声韵调搭配

韵母 声母	ɑ	i	ü	－i
z	zā　zá			zī　zǐ
c	cā　cǎ			cī　cǐ
s	sā　sǎ			sī　sǐ
zh	zhā　zhá			zhī　zhí
ch	chā　chá			chī　chí
sh	shā　shá			shī　shí
j		jī　jí	jū　jú	
q		qī　qí	qū　qú	
x		xī　xí	xū　xú	

3.5.3　实验程序

被试在语音实验室完成测试。44 个实验刺激通过电脑随机呈现给被试，同时以纸质形式给被试提供泰语辅音字母选项“จ、ฉ、ช、ส、ซ、ร、ล”①。被试连续听同一个实验刺激2遍后进行判断，若判定所听单音节中辅音声母与泰语辅音相像，则选择相应泰语字母，并评定两者相似度大小，在候选项“有一点像、有一些像、非常像、完全一样”中选择其一；若判定单音节中辅音声母与所列泰语辅音不像，则选择候选项“不像”。

3.6 实验结果

3.6.1 泰语母语者汉语塞擦音和擦音知觉同化的基本状况

表3－9 泰语母语者将汉语塞擦音和擦音判定为泰语辅音的次数百分比②和次数

汉语辅音	辨认结果			
	泰语/tɕ/	泰语/tɕʰ/	泰语/s/	不像泰语语音
z	82%（178）		12%（26）	5%（11）
zh	87%（187）	7%（15）		
j	98%（212）			

① 泰语辅音字母选项“จ、ฉ、ช、ส、ซ、ร、ล”，是在前期探测实验基础上归纳出来。前期探测实验有6名泰语母语者参加，要求他们用泰语辅音字母记录所听到的汉语单音节辅音声母，结果表明汉语塞擦音主要被他们记为泰语จ、ฉ、ช、ส、ซ、ร、ล，即泰语不送气清塞擦音/tɕ/、送气清塞擦音/tɕʰ/、擦音/s/，转写为其他泰语辅音字母的极少。

② 表3－9的“次数百分比”计算方法如下：汉语“zā、zá、zī、zǐ”4个音节，被试（54人）进行知觉判定，总计得到216次判定。若有178次判定为“泰语/tɕ/”、26次判定为“泰语/s/”、11次判定为“不像泰语语音”，则被试将汉语z判定为“泰语/tɕʰ/”的次数百分比为82%（178/216），将汉语z判定为“泰语/s/”的次数百分比为12%（26/216），将汉语z判定为“不像泰语语音”的次数百分比为5%（11/216）。次数百分比小于5%的未纳入分析。

（续上表）

汉语辅音	辨认结果			
	泰语/tɕ/	泰语/tɕʰ/	泰语/s/	不像泰语语音
c		51%（110）	29%（62）	19%（42）
ch		94%（204）		
q		94%（202）		
s			95%（205）	
sh		33%（71）	66%（142）	
x		69%（148）	28%（60）	

初步统计结果（见表3－9）表明：第一，泰语母语者在知觉上比较一致地将汉语 z/zh/j 判定为“泰语/tɕ/”，判定为泰语其他范畴的比例很小；第二，泰语母语者在知觉上比较一致将汉语 ch/q 判定为“泰语/tɕʰ/”，判定比例均为94%；第三，泰语母语者一致将汉语 s 知觉判定为“泰语/s/”，判定比例为95%；第四，汉语 c 被知觉归类到泰语/tɕʰ/、/s/两个范畴，若按照归类比例的大小则可以认为汉语 c 主要被归入泰语/tɕʰ/；第五，汉语 sh 被知觉归类到泰语/tɕʰ/、/s/两个范畴，若按照归类比例大小则可以认为汉语 sh 主要被归入泰语/s/；第六，汉语 x 被知觉归类到泰语/tɕʰ/、/s/两个范畴，若按照归类比例大小则可以认为汉语 x 主要被归入泰语/tɕʰ/。

上述统计结果说明了四点：第一，泰语母语者学习汉语塞擦音和擦音，存在一个用母语音系对其同化（分类）的认知过程。他们主要依据辅音发音方法特征，将二语辅音归类到发音方法相同的母语范畴，而对辅音发音部位差异的敏感性弱。因此，z/zh/j 主要被知觉同化为泰语/tɕ/，c/ch/q 主要被知觉同化为泰语/tɕʰ/，汉语 s/sh 主要被知觉同化为泰语/s/。这表明跨语言辅音范畴知觉中，辅音发音方法特征（不送气/送气、塞擦/擦）比发音部位特征携带更多的知觉权重，辅音发音方法特征对知觉系统来说更凸显。第二，当泰语母语者难以觉察辅音发音方法特征上的共同性时，也会利用发音部位特征来归类。汉语 x 是舌面前硬腭擦音，听者难以识别它与泰语/s/在发音方法上的一致，但识别出了它与泰语/$tɕ^h$/在发音部位上的相似性。第三，泰语母语者在知觉上对汉语送气塞擦音和擦音这两个范畴有一定程度的混淆。他们将一定比例的汉语送气塞擦音归入泰语擦音，汉语擦音归入泰语送气塞擦音。第四，从跨语言匹配的角度来看，汉语塞擦音和擦音被知觉同化到泰语辅音范畴出现了两种情况（见表 3 -9）：第一种情况是一个汉语辅音被归类到一个泰语辅音范畴。例如，汉语 z/zh/j 归类为泰语/tɕ/，汉语 ch/q 归类为泰语/$tɕ^h$/，汉语 s 归类为泰语/s/，归类比例达到了 82% ~98%。第二种情况是一个汉语辅音被归类到两个泰语辅音范畴。例如，汉语 c/sh/x 均被归类为泰语/$tɕ^h$/和/s/。这样，汉语泰语塞擦音和擦音的跨语言匹配就呈现出三种关系：二对一（汉语 s/sh 对泰语/s/）、三对一（汉语 z/zh/j 对泰语/tɕ/）、四对一（c/ch/q/x 对泰语/$tɕ^h$/、c/s/sh/x 对泰语/s/）的匹配模式。

3.6.2 元音环境在二语辅音知觉同化中的作用

汉语塞擦音和擦音被知觉同化入泰语辅音范畴出现了两种情况（见表 3 -9）：第一种情况是汉语辅音被纳入一个泰语辅音范畴，例如 z/zh/j/ch/q/s。在这种情况下元音环境可能没有影响知觉同化，因为归类比例达到了 82% ~98%，说明泰语母语者对这些辅音在不同元音环境下的知觉同化基本一致。第二种情况是汉语辅音被纳入两个泰语辅音范畴，例如 c/sh/x。汉语 c 被同化为泰语送气塞擦音（51%）、擦音（29%），汉语 sh 被同化为泰语送气塞擦音（33%）、泰语擦音（66%），汉语 x 被同化为泰语送气塞擦音（69%）、泰语擦音（28%）。第二种情况下，元音环境可能影响了辅音跨语言知觉同化，因此本实验考察了元音环境所起的作用，结果见表3－10。

表3－10 泰语母语者将汉语 c、sh、x 判定为泰语辅音的次数

汉语辅音及所处元音环境		辨认结果			
		泰语/tɕ/	泰语/$tɕ^h$/	泰语/s/	不像泰语语音
c/ts^h/	/a/	1	86		21
	/ɿ/	1	24	62	21
sh/ʂ/	/a/	1	26	81	
	/ʅ/		45	61	2
x/ɕ/	/i/		65	42	1
	/y/		83	18	7

统计分析表明，两种元音环境在 c/ts^h/的归类结果上差异非常显著，$x^2=96.95$，$df=3$，$p<0.001$。c/ts^h/与/a/组合时一致被归类为泰语送气塞擦音，c/ts^h/与/ɿ/组合时大部分被归类为泰语擦音。两种元音环境在 sh/ʂ/的归类结果上差异显著，$x^2=10.9$，$df=3$，$p<0.05$。sh/ʂ/与/ʅ/组合时更多地被归类为泰语送气塞擦音。两种元音环境在 x/ɕ/的归类结果上差异非常显著，$x^2=16.29$，$df=2$，$p<0.001$。x/ɕ/与/y/组合时更多被归类为泰语送气塞擦音。

此结果说明元音环境影响了泰语母语者对汉语辅音的知觉同化，表现为：第一，舌尖元音环境导致泰语母语者将汉语 c/ts^h/知觉同化到泰语/s/范畴。第二，汉泰语中都有、泰语母语者熟悉的元音环境，有助于学习者按照发音方法特征对汉语辅音作出范畴归类。例如，泰语有/a/和/i/，没有/ɿ/、/ʅ/、/y/。汉语/ʂ/

在元音/a/之前被判定为泰语擦音的次数多于其在/ʅ/之前，汉语/ɕ/在元音/i/之前被判定为泰语擦音的次数多于其在/y/之前。

3.6.3 二语经验在二语辅音知觉同化中的作用

已有的二语语音范畴知觉研究表明，随着二语经验（即目的语国二语学习时间）的增多，第二语言水平的提高，学习者可能会逐渐辨明具有相似性的一语音段与二语音段之间的差异，为二语语音建立起独立于一语的知觉范畴表征。因此，研究考察了二语经验（目的语国二语学习时间）在泰语母语者知觉同化汉语塞擦音和擦音中的作用。根据泰语母语者在广州学习汉语时间的长短，将他们分为了三组：3 个月、15 个月、27 个月。三组泰语母语者均对汉语辅音进行了跨语言范畴知觉同化，同化的结果有四类：像泰语/tɕ/、像泰语/tɕʰ/、像泰语/s/、不像泰语语音。

表 3－11　泰语母语者将汉语塞擦音和擦音知觉判定为泰语辅音的次数

汉语辅音	目的语国二语学习时间（月）	辨认结果			
		泰语/tɕ/	泰语/tɕʰ/	泰语/s/	不像泰语语音
z	3	57		13	2
	15	59		8	5
	27	62	1	5	4
zh	3	59	8	1	4
	15	64	4	2	2
	27	64	3	2	3

（续上表）

汉语辅音	目的语国二语学习时间（月）	辨认结果			
		泰语/tɕ/	泰语/tɕʰ/	泰语/s/	不像泰语语音
j	3	71			1
	15	70			2
	27	71		1	
c	3	1	34	20	17
	15		31	23	18
	27	1	45	19	7
ch	3	1	68		3
	15		70		2
	27		66	6	
q	3	1	70	1	
	15		69	1	2
	27		63	4	5
s	3		3	68	1
	15		2	69	1
	27		3	68	1
sh	3		28	44	
	15		22	48	2
	27	1	21	50	
x	3		56	13	3
	15		50	20	2
	27		42	27	3

统计分析结果（见表3－11）表明，三组学习者在汉语z的知觉同化结果上差异不显著，$x^2=7.26$，$df=6$，$p>0.05$；在汉语zh的知觉同化结果上差异不显著，$x^2=4.13$，$df=6$，$p>0.05$；在汉语j的知觉同化结果上差异不显著，$x^2=4$，$df=4$，$p>0.05$。在汉语c的知觉同化结果上差异不显著，$x^2=9.67$，$df=6$，$p>0.05$；在汉语ch的知觉同化结果上差异显著，$x^2=16.92$，$df=6$，$p<0.05$；在汉语q的知觉同化结果上差异不显著，$x^2=10.85$，$df=6$，$p>0.05$。在汉语s的知觉同化结果上差异不显著，$x^2=0.26$，$df=4$，$p>0.05$；在汉语sh的知觉同化结果上差异不显著，$x^2=7.61$，$df=6$，$p>0.05$；在汉语x的知觉同化结果上差异不显著，$x^2=7.15$，$df=4$，$p>0.05$。

实验结果说明，学习汉语3个月、15个月、27个月的三组泰语母语者在汉语z/zh/j/c/q/s/sh/x的知觉同化结果上差异不显著，在汉语ch的知觉同化结果上差异显著。也就是说，目的语国汉语学习时间（3个月、15个月、27个月）对汉语z/zh/j/c/q/s/sh/x的知觉同化没有影响，只对ch的知觉同化产生了影响。总的来看，可以认为目的语国汉语学习时间（3～27个月）可能没有影响学习者对汉语塞擦音和擦音的跨语言知觉同化。

3.6.4　泰语母语者汉语塞擦音和擦音知觉同化的性质

泰语母语者对汉语塞擦音和擦音知觉判断的性质主要是指考察汉语三组塞擦音和擦音在知觉上是被判断为“与一语相同”、“与一语相似”，还是“一语中不存在的新音”。研究首先分析了泰语母语者将汉语塞擦音和擦音判定为“像泰语语音”、“不像泰语语音”的次数百分比（见表3－12）。

表 3－12 泰语母语者将汉语辅音判定为“像泰语语音”、“不像泰语语音”的次数百分比①和次数

汉语辅音	泰语母语者（汉语学习3个月）		泰语母语者（汉语学习15个月）		泰语母语者（汉语学习27个月）	
	像泰语语音	不像泰语语音	像泰语语音	不像泰语语音	像泰语语音	不像泰语语音
z	97%（70）	3%（2）	93%（67）	7%（5）	94%（68）	6（4）
zh	94%（68）	6%（4）	97%（70）	3%（2）	96%（69）	4（3）
j	99%（71）	1%（1）	97%（70）	3%（2）	100%（72）	0（0）
c	76%（55）	24%（17）	75%（54）	25%（18）	90%（65）	10（7）
ch	96%（69）	4%（3）	97%（70）	3%（2）	100%（72）	0（0）
q	100%（72）	0（0）	97%（70）	3%（2）	93%（67）	7（5）
s	99%（71）	1%（1）	99%（71）	1%（1）	99%（71）	1（1）
sh	100%（72）	0（0）	97%（70）	3%（2）	100%（72）	0（0）
x	96（69）	4（3）	97（70）	3（2）	96（69）	4（3）

初步分析结果（见表 3－12）表明，泰语母语者将汉语塞擦音和擦音知觉判定为“像泰语语音”的比例很大，其中 z/zh/j/ch/q/s/sh/x 被判断为“像泰语语音”的比例达到了 90%～100%。三组学习者对 c 的判断有一些差异，学习汉语 3 个月、15 个月的两组被试将其判断为“像泰语语音”的比例为 76%、75%，学习汉语 27 个月的被试将其判断为“像泰语语音”的比例为 90%。初步的分析结果说明，泰语母语者可能认为汉语这三组塞擦音和擦音都与其母语“相似”。

跨语言语音匹配研究中，有一些二语语音被一致地判定为一

① 表 3－12 的“次数百分比”计算方法如下：汉语“zā、zá、zī、zǐ”4 个音，一组泰语母语者（18 人）听后对其进行判定，共得到 72 次判定。若有 70 次判定为“像泰语语音”，2 次判定为“不像泰语语音”，则汉语 z 被该组被试判定为“像泰语语音”的次数百分比为 97%（70/72），判定为“不像泰语语音”的次数百分比为 3%（2/72）。

个一语范畴的“好”样例；有一些二语语音虽然被一致地判定为一个一语范畴的样例，但并不是其“好”样例；还有一些二语语音被判定为多个一语范畴的样例，但都不是“好”样例（Ingram & Park，1997）。Flege 对上述三种情况进行了指定：二语语音与一语语音“相同”，即二语语音被一致地判定为一个一语语音范畴的“好”样例；二语语音与一语语音“相似”，即二语语音虽然被一致地判定为一个一语语音范畴的样例，但并不是其“好”样例；二语语音是一语语音中不存在的“新音”，即二语语音被判定为多个一语语音范畴的样例，但都不是“好”样例（Flege et al.，1997）。

Flege 在上述定义的基础上提出假设：成年二语学习者最终产出“新音”的正确性会高于“相似音”，因为他们更可能为新音另外建立新语音范畴。但是，Flege（1995）也对该假设进行了修订，指出直接影响二语语音产出正确性的是二语学习者所知觉到的二语语音和一语语音的相似度。基于已有的研究成果，本实验分析了泰语母语者将汉语辅音判定为泰语辅音的次数百分比以及范畴相似度（category goodness），以此进一步考察泰语母语者将汉语 z/zh/j、c/ch/q、s/sh/x 判断为与一语“相同”、“相似”，还是一语中不存在的“新音”。

表 3－13　泰语母语者将汉语辅音判定为泰语辅音的次数百分比和相似度①

汉语辅音	泰语辅音	次数百分比（%）	汉泰辅音相似度
z	/tɕ/	82	2.54
zh	/tɕ/	87	2.49

① “相似度”计算依据五度制量表，5＝“不像”，4＝“有一点像”，3＝“有一些像”，2＝“非常像”，1＝“完全一样”。分值越高，相似度越小；分值越低，相似度越大。

（续上表）

汉语辅音	泰语辅音	次数百分比（%）	汉泰辅音相似度
j	/tɕ/	98	2.1
c	/tɕʰ/	51	2.5
	/s/	29	3
ch	/tɕʰ/	94	2.31
q	/tɕʰ/	94	2.45
s	/s/	95	2.33
sh	/tɕʰ/	33	2.52
	/s/	64	2.77
x	/tɕʰ/	69	2.52
	/s/	28	3.01

判断二语语音与一语语音是“相同”、“相似”还是“新音”，有一个需要探究的问题是：二语语音是一语语音范畴“好”样例的标准是什么？一些研究采用让二语者评定二语语音与一语语音范畴相似度的办法，相似度很好的是“好”样例，相似度很差的是“差”样例。从本实验结果来看，汉语 z/zh/j/ch/q/s 均被一致判定为一个泰语范畴的样例。其中汉语 j 与泰语/tɕ/相似度最好，数值2.1为“非常像”；汉语 z/zh/ch/q/s 与泰语辅音范畴的相似度值都在2.5左右，介于“非常像”和“有一些像”之间。汉语 c/sh/x 的判定比较复杂，被判定为两个泰语范畴/tɕʰ/、/s/的样例。汉语 c 与泰语/tɕʰ/的相似度值为2.5，介于“非常像”和“有一些像”之间；汉语 c 与泰语/s/的相似度值为3，两者之间为“有一点像”。汉语 sh 与泰语/tɕʰ/、泰语/s/的相似度值均在2.5左右，介于“非常像”和“有一些像”之间。汉语 x 与泰语/tɕʰ/的相似度为2.52，介于“非常像”和“有一些像”之间；汉语 x 与泰语/s/的相似度为3.01，是“有一些像”。在研究过程中，我们发现对于“相同音”、“相似音”还是“新

音”的评定实际上难以找到一个客观的衡量标准，将相似度值确定为多少即为“好”样例也是由研究者来决定的。因此，与其判定二语语音与一语语音之间的关系是“相似”还是“相同”，倒不如直接探察二语语音与一语语音之间的知觉相似性。正如 Flege（1995）所认识到的那样，影响二语语音产出正确性的直接原因便是跨语言语音知觉相似性，把相似性探察清楚了，也就不一定再去追究二语语音是“相似音”还是“新音”了。

3.7 分析讨论

现代认知心理学研究表明，当我们面临一个新事物、问题或情境时，总是先把它们归入某一类别，然后运用该类别的有关知识决定采取何种行动。第二语言语音习得同样也涉及用母语音位范畴对二语语音进行分类的认知过程，对于那些已经习得或正在习得母语音系的听者来说，言语知觉的注意可能主要集中于音位水平，他们必然会将所听到的言语声音知觉同化到母语音位范畴，无论这些声音是否为母语的（Best et al.，1988）。

成年的泰语母语者在学习二语汉语之前，其母语音系已经发展完善，形成了泰语清不送气塞擦音/tɕ/、送气塞擦音/$tɕ^h$/、擦音/s/三个音位的表征。这种母语语音范畴表征可能不是抽象概括表征，而是由一套样例构成，即母语输入中一个个泰语语音样例的集合。当泰语母语者接触到二语汉语时，他们会用母语音位对汉语辅音进行归类，然后运用这一类别的有关知识决定采取何种行动。知觉归类的依据是汉语语音与已贮存的泰语语音样例的相似性。分类研究的样例观也指出，新例子与样例表征的相似性是它们特征相似性的乘性函数，分类通过比较新例子与大脑中贮存各个类别的样例表征的相似性决定，然后把新例子归入到有最大相似性的那个类别中。

本实验通过泰语、汉语辅音范畴匹配，揭示了泰语母语者在接触到二语汉语后利用母语音系对汉语辅音所进行的知觉同化，以及辅音所处元音环境、二语经验（目的语国二语学习时间）对知觉同化的影响。

3.7.1　辅音发音方法特征在二语辅音知觉同化中的作用

首先，泰语母语者依据辅音发音方法特征“送气—不送气”（或“长—短”）对汉语辅音进行了知觉同化。他们将汉语 z/zh/j 一致归入泰语清不送气塞擦音/tɕ/，没有出现将汉语 c/ch/q/s/sh/x 归入此范畴的情况。也就是说，泰语母语者在知觉上将汉语 z/zh/j 划分到一个范围，将汉语 c/ch/q/s/sh/x 划分到另一个范围。解释泰语母语者这种知觉归类可以从以下四个方面考虑：

（1）泰语音系也以“送气—不送气”作为区别特征，泰语清辅音成对出现的送气—不送气对立有四对（/p/ - /pʰ/、/t/ - /tʰ/、/k/ - /kʰ/、/tɕ/ - /tɕʰ/）。泰语母语者从学习母语开始即接触到这些语音特征，大量的接触使得相关的感觉神经机制逐渐“调向”这些特征而形成了比较强的敏感性，因此能够很好地对“送气”和“不送气”这两个范畴进行分类。

（2）从知觉结构来看，汉语辅音知觉空间中 b/d/g/j/zh/z 聚成一团，都是清不送气音或短音；p/t/k/c/ch/q/f/s/sh/h/x 聚成一团，都是清送气音或长音（摩擦音也可以认为具有送气性质）（张家騄等，1981）。因此，汉语不送气音的短音特征、送气音和擦音的长音特征使得泰语母语者将汉语 z/zh/j 划入一个范围，将汉语 c/ch/q/s/sh/x 划入另一个范围。

（3）从声学特征来看，辅音知觉特征上的“长—短”即对应着声学特征上的“长—短”。汉语普通话辅音音长分析表明，汉语辅音音长按不送气塞音（b/d/g）、不送气塞擦音（j/zh/z）、浊音（m/n/l/r/ng）、送气塞音（p/t/k）、擦音（f/h/x/sh/s）、送气塞擦音（q/ch/c）这一顺序逐渐加大，若以不送气塞音音长进行归一，大体上为1:3:5:6:8:8的比例关系，汉语擦音与送气塞擦音的音长差异不大（齐士钤、张家騄，1982）。声学上的“长—短”特征使得泰语母语者将汉语z/zh/j划入泰语/tɕ/，而没有将汉语送气塞擦音和擦音划入此范畴。

（4）跨语言辅音知觉中时长线索的凸显性。由于汉语的不送气塞擦音、送气塞擦音、擦音在发音方法上的差异可以通过时长线索体现出来，擦音（200ms）＞送气塞擦音（180ms）＞不送气塞擦音（80ms）（吴宗济，1986），因此泰语母语者在对这三组塞擦音和擦音进行知觉归类时首先依据了时长线索，频谱线索则不如时长线索凸显，导致泰语母语者将时长一致、频谱有差异的汉语辅音归为同一类泰语辅音。这一点与跨语言元音知觉研究结果一致，不管频谱线索和时长线索在第一语言中的音系中地位如何，非母语时长线索比频谱线索更凸显，时长线索比频谱线索对非母语者听说行为的影响更大。

其次，泰语母语者依据辅音发音方法特征“塞擦—擦”对汉语辅音进行了知觉同化。他们将汉语c/ch/q主要归入泰语清送气塞擦音/tɕʰ/，将汉语s/sh主要归入泰语清擦音/s/。有关汉语辅音知觉特征的研究表明，汉语辅音知觉空间第一维为“清—浊”，汉语清辅音聚成一团，浊辅音聚成一团；第二维为“送气—不送气”（或“长—短”），而在送气音或长音中，送气清塞音和塞擦音构成一团，摩擦音构成一团。① 因此可以认为虽然汉语送气塞擦音和擦音都是长音，但知觉特征上“塞擦”与“擦”的差异使得泰语母语者据此作出了知觉判定。塞擦音在准备发音时，先是

---

① 张家騄、齐士钤、吕士楠（1981）指出汉语辅音主要知觉特征的位次是：清—浊，送气—不送气，摩擦—非摩擦，部位（前、中、后）。

由口腔内的某两个部分完全接触（构成阻塞），堵住气流，在声腔内形成较强的内部压力，然后稍微松开阻塞，让气流挤出。虽然塞擦音表面上看起来是塞音和擦音的结合，但实际上这种结合非常紧密，从听感上一般听不出两个音来，习惯上被看作一个独立辅音，与塞音一样难以延长。擦音在准备发音时，声腔的某处形成窄小通道，然后气流持续由这里挤出，从而产生摩擦，扰动空气，发出声音；并且，擦音可以延长。（曹文，2010：18）

3.7.2 辅音发音部位特征在二语辅音知觉同化中的作用

泰语母语者也依据辅音发音部位特征“舌面—硬腭”对汉语辅音进行了知觉同化。他们将汉语 x 主要归入泰语送气塞擦音 /tɕʰ/范畴。泰语在舌面前硬腭部位没有擦音，有塞擦音/tɕ/和 /tɕʰ/；泰语在舌尖齿背部位有擦音/s/。汉语/ɕ/与泰语塞擦音的共同之处是发音部位接近，而汉语/ɕ/与泰语擦音的共同之处是发音方法一致。泰语母语者依据送气塞擦音和擦音共有的“长音”特征以及发音部位特征，对汉语 x 进行了知觉归类。

3.7.3 元音环境和二语经验在二语辅音知觉同化中的作用

首先，元音环境影响了泰语母语者对汉语塞擦音和擦音的知觉同化。本实验结果表明，汉语 c/sh/x 的跨语言辅音知觉同化结果在两种元音环境下存在差异，当 c/sh/x 与泰语中没有的元音 /ɿ/、/ʅ/、/y/组合时，学习者将汉语送气塞擦音知觉为泰语擦音、汉语擦音知觉为泰语送气塞擦音的比例增大。并且，汉语 c 被知觉同化为泰语擦音，仅发生在舌尖元音环境下，没有发生在舌面元音环境下。由此可见，辅音所处元音环境是影响跨语言辅音知觉的一个重要因素。Best 提出知觉同化模型时，没有考虑到语音环境的作用。而实际上，同一个辅音在不同元音环境下可能会出现不同的知觉同化结果；即使同一对语音对立，在不同语音环境下也可能会出现不同的同化模式，进而影响到语音对立的知觉区分。

元音环境所起的作用表明，二语习得前期阶段（3～27个月），二语者可能为二语音段形成的是“语境—依存”表征，而不是“语境—独立”表征。“语境—独立”表征假说认为，成人可以为非母语语音对立发展出抽象、概括的表征，如音位、模板、原型（Best & Strange，1992）。这种表征不受语音环境、说话人变异等因素影响，成人对不同语音环境下、不同说话人说出的语音的知觉水平一致。研究还将在之后的知觉区分实验中，通过考察泰语母语者对汉语辅音对立的知觉区分来继续探察他们所形成的汉语辅音知觉表征是独立于语境还是依存于语境。如果他们所形成的辅音知觉表征是独立于语境的，那么他们对不同元音环境下的同一对辅音对立的区分水平应该一样。例如，ca－sa的区分成绩和ci－si的区分成绩可能没有显著差异。如果他们所形成的辅音知觉表征是依存于语境的，则同一对辅音对立可能在某些元音环境下区分得好，在某些元音环境下区分得差。

其次，二语经验（即目的语国二语学习时间）没有影响泰语母语者对汉泰塞擦音和擦音的知觉同化。跨语言匹配实验结果表明，泰语母语者将汉语三组塞擦音和擦音都等同归类到了母语音系中，母语音位范畴表现出了对二语语音的强大吸附能力。从语音范畴的角度来看，汉语的三组辅音可能没有在知觉层面形成自己独立的语音范畴，而是与一语语音共同形成了融合范畴，并且这种融合范畴的内部成分及其分布可能没有随着目的语国二语学习时间的增长而发生变换。泰语母语者即使在经历了27个月的目的语国汉语学习后仍未将融合范畴分离为各自独立的范畴，没有为与一语语音相似的二语语音形成自己独立的语音范畴。因此，我们可以根据实验结果初步推测，泰语母语者关于汉语三组塞擦音和擦音的知觉表征，可能形成的是汉泰辅音融合范畴。不送气塞擦音范畴中，可能包括典型样例泰语/tɕ/，以及汉语/ts/、/tʂ/、/tɕ/；送气塞擦音范畴中，可能包括典型样例泰语/tɕʰ/，以及汉语/tsʰ/、/tʂʰ/、/tɕʰ/；擦音范畴中，可能包括典型样例泰语/s/，以及汉语/s/、/ʂ/、/ɕ/。送气塞擦音与擦音这两个范畴之间可能存在重叠，重叠之处有汉语/tsʰ/、/ʂ/、/ɕ/。本研究还将在之后的知觉区分实验中对融合范畴作进一步的探察。

二语经验（目的语国二语学习时间）没有影响汉语泰语塞擦音和擦音的知觉关系，原因可能主要有三个方面：第一，泰语母语者年龄都在 18 岁以上。他们在接触二语汉语时，其母语语音范畴都已经发展得很完善，因此一语语音对与其相似的二语语音产生了强大的吸附作用，致使学习者在目的语国经过两年多的汉语学习后，其二语语音仍无法脱离一语语音的吸附而为自己建立独立的语音范畴。第二，目的语国二语学习时间有限。前人研究也表明，二语语音范畴从融合范畴中脱离出来并形成自己独立的范畴，可能需要比较长的时间。二语辅音范畴的形成可能需要数年甚至更长时间才能表现出来。而本实验中泰语母语者的目的语国学习时间为 3～27 个月，学习时间上的限制也可能是导致二语语音范畴未独立的原因。第三，部分参加实验的泰语母语者来广州以前在泰国学过汉语。本研究对学习者的划分根据是其在目的语国学习汉语时间的长短，没有将学习者在泰国的汉语学习时间纳入考察，这可能会对实验结果造成一定影响。如果选择的泰语母语者都没有在泰国学习过汉语，也许实验可能捕捉得到他们在二语习得前期阶段表现出的变化。

3.7.4　泰语母语者汉语塞擦音和擦音的知觉困难

首先，泰语母语者对汉语送气塞擦音和擦音存在一定程度的混淆。在汉语 c/sh/x 的范畴归类上，它们都没有被一致归入一个泰语范畴，而是被归入到泰语送气塞擦音和擦音两个范畴。知觉同化结果（见表3－9）表明，汉语c被知觉同化为泰语/tɕʰ/、/s/的比例分别为51%、29%，汉语sh被知觉同化为泰语/tɕʰ/、/s/的比例分别为33%、66%，汉语x被知觉同化为泰语/tɕʰ/、/s/的比例分别为69%、28%。泰语母语者把汉语送气塞擦音归类为泰语擦音，把汉语擦音归类为泰语送气塞擦音，究其原因，可能是因为送气塞擦音和擦音在时长上共享“长音”特征。汉语擦音时长200ms、送气塞擦音时长180ms（吴宗济，1986），泰语擦音/s/时长164ms、泰语送气塞擦音/tɕʰ/时长153ms（史静儿，2013），两种语言在擦音和送气塞擦音的时长上都差异不大。

其次，泰语母语者在汉语三组塞擦音和擦音学习上所面临的困难还有发音部位的分化。跨语言知觉同化实验中，泰语母语者将汉语z/zh/j归入泰语/tɕ/，汉语c/ch/q归入泰语/tɕʰ/，汉语s/sh归入泰语/s/，这说明他们对于舌尖齿背、舌尖齿龈后、舌面前硬腭这三个部位难以区分。因此，泰语母语者学习汉语塞擦音和擦音时，主要任务是在知觉上学会将这三个部位辨析开来，在发音上学会舌尖齿背、舌尖齿龈后这两个部位的发音动作。

虽然泰语母语者没有为二语辅音形成独立于一语的语音范畴，但是否就表明他们在二语语音习得中不存在语音学习呢？我们认为，对于与一语语音相似但实际并非完全相同的二语语音，学习者虽然没有在知觉上为其形成独立的知觉表征，但随着二语学习时间的增长，他们可能会在习得过程中逐渐辨明一语语音与二语语音的差异，从而在语音知觉层面取得一定的进步。如果我们采用更敏感的测量指标，也许可能探测到学习者在语音知觉上表现出的进步。既然泰语母语者在汉语塞擦音和擦音的发音部位上，将舌尖齿背、舌尖齿龈后、舌面前硬腭这三个部位都纳入同一个范畴，那么在范畴内部他们是否可以感知出这三个发音部位与泰语辅音发音部位的细微差异呢？为此，本研究将在之后的知觉学习实验中采用“知觉语音非相似度”作为测量指标，更细致地考察泰语母语者对二语语音的知觉情况，以期获得学习者所表现出的习得发展性。

4　泰语母语者汉语塞擦音和擦音的知觉学习

4.1　言语学习模型

言语学习模型（Flege，1987、1995）也提出了与知觉同化模型相似的观点，认为第一语言与第二语言语音范畴之间的知觉关系非常重要。二语者通过“等同归类”将与第一语言相似、实际并非完全一致的二语语音段知觉同化为第一语言范畴。这种“等同归类”机制在二语者使用多年后仍然存在，造成二语者无法区分二语与一语相似音段的知觉表征。也正是这种机制，使得二语与一语相似音段之间产生调和，二语语音段发音始终存在“口音”，甚至造成第一语言音段的语音实现（phonetic realization）发生变化。二语语音段由于被“等同”于一语语音段，从而就阻碍了其为自己单独形成范畴。二语习得中，那些一开始在知觉上被认为明显不同于第一语言范畴的二语语音段不会被同化。随着二语经验增加，这些音段被学习者表征为不同于第一语言的范畴，知觉和产出正确性相对较高。

言语学习模型假设，二语习得中当某个一语语音与二语语音发生知觉关联后可能会产生重构而形成融合范畴。二语者将其认为是相同（或相似）的一语语音和二语语音都归入到融合范畴，融合范畴可能会取代最初的一语范畴。融合范畴会随时间而发展变化，它包含了一语语音和二语语音的特点。由于融合范畴既被用来表征一语语音段，也被用来表征二语语音段，这就使二语者即使在使用了多年二语后其二语语音的知觉与产出仍然不同于以该语言为母语的单语者，同时也使二语者一语语音的知觉与产出逐渐发生变化而偏离以该语言为母语的单语者（Flege，1987；Flege et al.，1995b；Flege et al.，1999）。于是，就出现了二语音子产出始终存在“口音”、一语音子的语音实现发生变化的现象。

虽然言语学习模型假设“等同归类”妨碍了第二语言语音范畴的形成，但同时它也提出这并没有阻断第二语言语音学习的发生，二语音段即使没有建立自己的范畴也存在语音学习。所谓“语音学习”（phonetic learning）是指二语音段在习得过程中表现出知觉与产出上的进步，朝着母语者水平接近。“语音学习”不同于“范畴形成”（category formation），有的二语语音虽然在学习中表现出了进步，但它可能最终没有形成自己独立的语音范畴。关于衡量“语音范畴”是否形成的标准，言语学习模型认为如果二语语音建立了自己独立的范畴，则一语语音对它的知觉和产出的影响会小一些。相比于那些使用融合范畴的二语语音，为自己单独建立了范畴的二语语音在知觉和产出上会使用更接近母语者的方式（Flege et al.，1999）。

言语学习模型关于语音学习在语音范畴没有形成的情况下也能发生的假设，与其他一些模型存在矛盾。根据母语磁体模型，听者对不同语言之间的次级范畴语音差异仍具有敏感性，只是他们不再“注意”这种差异。二语言语学习受到了一种跨语言“范畴知觉”的制约，语音学习在范畴没有形成的情况下不可能产生，因为用来引导二语言语学习的感觉输入无法得到。

有研究证明了言语学习模型有关语音学习的假设。Whalen et al.（1997）发现成年英语母语者难以区分英语/p/的送气和不送气变体（/p/和/p^h/），但可以在模仿测试中产出这两个变体在VOT上的差异。MacKay et al.（2001）考察了意大利语—英语双语者英语/b/的发音，英语/b/、/d/、/g/的知觉，结果表明二语塞音即使在没有建立范畴的情况下仍表现出了语音学习、知觉上的进步。

相比于知觉同化模型，言语学习模型主要关注成人如何习得第二语言音系音段，特别是在产出方面。模型主要考察的是二语经验相对丰富的二语者，探讨随着二语经验的增加、学习者知觉和产出上的进步，着重解释第二语言习得的后期阶段。该模型假设，言语学习的基本机制，包括为言语声音建立长时记忆表征的能力（“语音范畴”），在整个一生都保持完好，没有受到破坏。如果学习者觉察到二语语音和与之最接近一语语音之间的语音距离，就可能可以形成新的二语语音范畴。当学习者逐渐熟悉了二语语音系统，二语与一语相似音段之间的大量语音差异会促进学习者的语音学习。二语与一语相似音段之间的知觉语音非相似度（perceived phonetic dissimilarity）越大，学习者就越可能逐渐辨明差异，从而在知觉和产出中都表现出进步。与一语语音段相似的两个二语音段，哪个与一语语音段的知觉语音非相似度大，哪个的可学性就更强。

知觉同化模型和言语学习模型都基于两个相关假设：第一，二语与一语音段之间的知觉语音相似度显著影响了二语音段知觉；第二，在音位水平或区别特征水平上对一语和二语音段系统进行的对比分析过于抽象，无法捕捉到语言之间的重要关系。语音水平的分析对预测和解释中介语知觉模式非常有必要。

以言语学习模型为指导，研究者做了大量考察，其中受到普遍关注的是日本学习者习得英语/l/和/r/。日本成人区分美式英语/l/和/r/很困难（Mochizuki，1981）。日语没有/l/－/r/对立，音系中只有一个/r/，日语/ɾ/与美式英语/l/、/ɹ/在语音上有一定差异。Takagi（1993）发现处在音节起始位置的英语/l/和/ɹ/都被日本成人识别为日语/r/。Guion et al.（2000）的实验也表明，英语/lɑ/和/ɹɑ/被识别为日语/ra/或/ura/。上述知觉实验结果说明，日语和英语这三个辅音之间存在一对二的跨语言匹配模式。在此基础上，研究者继续对/ɾ/、/l/、/ɹ/的知觉语音相似性进行了深入考察。Takagi（1993）请日本人用八度制等级量表评定英语/l/、/ɹ/与日语/ɾ/的相似度（goodness of fit）。在单独处于音节开头、音节起始处辅音丛、元音之间三种位置情况下，日本人都觉得英语/l/比/ɹ/更像日语/ɾ/。

Flege（1995）假设，第二语言音段和与其相似的第一语言音段之间的知觉语音非相似度（perceived phonetic dissimilarity）越大，学习者就越可能辨明两者差异，从而在知觉和发音上都表现出可测量到的进步。与一语音段相似的两个二语音段，与一语音段知觉语音非相似度大的二语音段可学性更强。根据该假设可以预测，由于日本人认为英语/ɹ/和日语/ɾ/的知觉语音非相似度大于英语/l/与日语/ɾ/的，日本人学习英语/ɹ/会比/l/更成功。该预测得到实验证实，日本成人辨认英语/ɹ/的正确率高于/l/（Sheldon & Strange，1982；Flege et al.，1996）。Bradlow et al.（1997）的一项训练研究发现，日本成人不仅辨认英语/r/的正确率更高，他们的英语/r/发音也能更准确地被听辨出来。该研究还指出，英语/r/的发音本身并不比/l/容易，因为英语母语习得研究表明儿童先习得/l/后习得/r/。Aoyama et al.（2004）以一年为间隔两次测试了居住在美国的日本儿童和成人英语/l/、/r/、/w/的知觉和发音，结果表明，日本儿童/r/发音在一年内的进步大于/l/，日本儿童区分/l/－/r/、/r/－/w/的成绩在一年内有显著进步。另外，Mochizuki（1981）从语音环境的角度考察了日本人对自然言语/rɑ/和/lɑ/的识别，当/r/和/l/出现在起始辅音丛、词尾辅音丛等不同位置时，辨认正确率随位置而变化。Hardison（1999）指出影响日本人英语/r/和/l/知觉的因素很多，包括第二语言经验、音系环境、刺激性质（自然或合成）等。

4.2 实验目的

知觉同化实验结果表明，跨语言辅音范畴同化主要依据辅音发音方法特征。那么可以假定，泰语母语者习得汉语塞擦音和擦音的过程包括两个方面：一方面是基于发音方法的同化过程，另一方面是基于发音部位的分化过程，前一过程与后一过程相反。为探察后一过程，本实验拟采用知觉语音非相似度来探索泰语母语者在汉语塞擦音和擦音发音部位上的分化过程和分化机制。

对于泰语母语者来说，汉语三组塞擦音和擦音都与母语音相似，母语范畴可能将二语语音都知觉同化于其中形成融合范畴。泰语母语者在广州学习了 27 个月的汉语后可能尚未将融合范畴分离开而形成各自独立的范畴。因此，本实验目的是考察泰语母语者在知觉上是否认为汉语 z/zh/j 与泰语/tɕ/在知觉语音非相似度上存在差异，汉语 c/ch/q 与泰语/$tɕ^h$/在知觉语音非相似度上存在差异，汉语 s/sh/x 与泰语/s/在知觉语音非相似度上存在差异，以及汉语辅音后接元音、二语经验（目的语国二语学习时间）对跨语言辅音知觉语音非相似度的影响。如果知觉语音非相似度存在差异，那么这种差异就可能会造成不同的学习结果。如果泰语母语者在汉语语音知觉上确实有进步，那么他们对知觉语音非相似度的辨识水平也会随二语经验的增多而提高。

本实验预期假设是：泰语母语者可能会知觉到相同发音方法的汉语舌尖齿背音、舌尖齿龈后音、舌面前硬腭音与泰语语音之间在相似度上存在差异。就塞擦音而言，汉语舌面前硬腭塞擦音与泰语塞擦音的知觉语音非相似度可能最小，基本上可以认为两者非常接近；汉语舌尖齿背、舌尖齿龈后塞擦音与泰语塞擦音的知觉语音非相似度更大一些。就擦音而言，汉语舌尖齿背擦音与泰语擦音的知觉语音非相似度最小，基本上可以认为两者相同；

汉语舌尖齿龈后、舌面前硬腭擦音与泰语擦音的知觉语音非相似度都还更大一些。另外，汉语辅音后接元音、二语经验（目的语国二语学习时间）可能会对知觉语音非相似度产生一定影响。跨语言知觉语音非相似度是影响二语语音学习成功程度的一个主要原因，因此本知觉学习实验可以为之后的知觉区分实验提供一定的预测，同时为之后的言语产生实验结果提供解释。

4.3 实验方法

4.3.1 被试

泰语母语者54人，女27人，男27人；测试期间被试均在广州暨南大学华文学院学习汉语。实验根据被试在目的语国二语学习时间长短（即在广州学习汉语时间长短），将被试分为3组：3个月、15个月、27个月。这三组被试在华文学院也相应地分处在三个年级：一年级、二年级、三年级。被试中华裔32人，非华裔22人。华裔被试中有10人不清楚自己的汉语方言，有13人的汉语方言为潮汕话，还有部分华裔的方言为客家话、粤语等。为避免汉语方言对被试普通话语音习得的影响，实验对华裔被试的汉语方言水平进行了控制，华裔被试均完全不会汉语方言或方言水平比较低，仅有3名华裔会说汉语方言的日常用语。另外，实验也将被试年龄控制在18~24岁（有2人25岁，1人27岁）。被试听力正常，实验后付给少量报酬。被试的分组情况见第三章表3-7。

4.3.2 实验材料

声母为普通话z/c/s、zh/ch/sh、j/q/x的CV结构单音节共36个。实验对辅音所在音节的声调进行了匹配，每个音节分别配阴平、阳平（或上声）两种声调，阳平（或上声）的选择由普通话声、韵、调配合规律决定，阳平作为第一选择，没有阳平的选上声。实验也匹配了辅音后接元音，选择了两类单元音：一类是泰语母语者熟悉、汉泰语中都有的，即/a/、/i/；另一类是泰语母语者不熟悉、汉语有泰语没有的，即/y/、/ɿ/、/ʅ/。CV 结构单音节的声韵调搭配见表 3－8。

实验材料通过 2 位普通话标准的发音人（1 男 1 女）的录音得到，总计以 36 个汉语单音节作为目标项，另有干扰项 8 个，合计 44 个。实验材料随机排序，发音人口齿清楚，以朗读语速念一遍 44 个项目。选择男发音人的奇数项与女发音人的偶数项，得到 44 个实验刺激。同一个实验刺激连续播放 2 次，间隔 0.5 秒；不同实验刺激之间间隔 4 秒。电脑录音采样频率为 16kHz，分辨率 16 bit。

4.3.3 实验程序

实验提供台式电脑和耳机，被试在语音实验室完成测试。44 个实验刺激通过电脑随机呈现给被试；同时以纸质形式提供给被试泰语辅音字母选项“จ、ฉ、ช、ส、ซ、ร、ล”。被试连续听同一个实验刺激 2 遍后进行判断，若判定所听单音节中辅音声母与泰语辅音相像，则选择相应泰语字母，并评定两者的知觉语音非相似度，在候选项“有一点像”、“有一些像”、“非常像”、“完全一样”中选择其一；被试若判定单音节中辅音声母与所列泰语辅音不像，则选择候选项“不像”。

4.3.4 实验设计

采用重复两个因素的 3（目的语国二语学习时间）×3（汉语塞擦音和擦音发音部位）×2（元音熟悉性）混合设计。自变量“目的语国二语学习时间”分为 3 个水平（3 个月、15 个月、

27个月），自变量“汉语塞擦音和擦音发音部位”分为3个水平（舌尖齿背、舌尖齿龈后、舌面前硬腭），自变量“元音熟悉性”分为2个水平（熟悉、不熟悉）。“熟悉性”是针对泰语母语者而言，“熟悉”元音指汉泰语中都有的，“不熟悉”元音指汉语有而泰语没有的。这样，z/c/s的后接元音按熟悉、不熟悉分别选择了/a/、/ɿ/；zh/ch/sh的后接元音按熟悉、不熟悉分别选择了/a/、/ʅ/；j/q/x的后接元音按熟悉、不熟悉分别选择了/i/、/y/。研究选择元音熟悉性来考察，是因为汉语三组塞擦音和擦音的后接元音数量多且辅元音组合呈互补分布，难以形成统一维度，通过“熟悉”、“不熟悉”这两个水平可以考察第一语言元音是如何影响学习者第二语言辅音知觉的。“目的语国二语学习时间”为被试间变量，“汉语塞擦音和擦音发音部位”、“元音熟悉性”为被试内变量，因变量为知觉语音非相似度。

4.3.5 测量指标

实验测量指标（因变量）为知觉语音非相似度，采用的是五度制等级量表，5＝“不像”，4＝“有一点像”，3＝“有一些像”，2＝“非常像”，1＝“完全一样”。分值越高，知觉语音非相似度越大；分值越低，知觉语音非相似度越小。例如，听汉语“zā、zá”，被试都将其判定为“像泰语/tɕ/”（两次判定的分值分别为3、2），则汉语辅音z在后接元音/a/这种语音环境下与泰语/tɕ/的知觉语音非相似度值为2.5（取两次判定分值的平均值）。又比如，听汉语“zā、zá”，被试一次判定为“像泰语/s/”（分值为4），一次判定为“像泰语/tɕ/”（分值为4），则可认为被试第一次判定该音“不像泰语/tɕ/”（分值为5），汉语辅音z在后接元音/a/这种语音环境下与泰语/tɕ/的知觉语音非相似度值为4.5（取两次判定分值的平均值）。

4.4 实验结果

4.4.1 汉语 z/zh/j 与泰语不送气塞擦音的知觉语音非相似度

研究考察了汉语 z、zh、j 与泰语/tɕ/的知觉语音非相似度，结果见表 4-1。

表 4-1 汉语 z/zh/j 与泰语/tɕ/的知觉语音非相似度

目的语国二语学习时间	汉语 z/zh/j 发音部位					
	z（舌尖齿背）		zh（舌尖齿龈后）		j（舌面前硬腭）	
	/a/ 熟悉	/ɿ/ 不熟悉	/a/ 熟悉	/ʅ/ 不熟悉	/i/ 熟悉	/y/ 不熟悉
3 个月	2.53	3.56	2.11	3.64	1.86	2.67
15 个月	2.39	3.36	1.94	3.56	1.56	2.53
27 个月	2.86	3.06	2.17	3.47	2.03	2.61

重复两个因素的三因素（3×3×2）方差分析结果表明，二语学习时间的主效应不显著，$F(2, 51) = 0.36$，$p > 0.05$，这说明在广州学习汉语时间为 3 个月、15 个月、27 个月的泰语母语者所判定的汉语 z/zh/j 与泰语/tɕ/的知觉语音非相似度差异不显著，泰语母语者所形成的汉泰不送气塞擦音知觉关系没有随着目的语国二语学习时间的增长而发生变化。辅音发音部位的主效应非常显著，$F(2, 102) = 32.99$，$p < 0.001$，说明泰语母语者判定不同发音部位的汉语不送气塞擦音与泰语/tɕ/的知觉语音非相似度存在非常显著的差异。多重比较表明：z 与 zh 差异不显著

（$p>0.05$），说明泰语母语者判定汉语 z、zh 与泰语/tɕ/的知觉语音非相似度无差异；z 与 j 差异非常显著（$p<0.001$），说明泰语母语者判定 z 与泰语/tɕ/的知觉语音非相似度大于 j 与泰语/tɕ/的；zh 与 j 差异非常显著（$p<0.001$），说明泰语母语者判定汉语 zh 与泰语/tɕ/的知觉语音非相似度大于 j 与泰语/tɕ/的。元音熟悉性的主效应非常显著，$F(1, 51)=73.12$，$p<0.001$，说明泰语母语者判定处在熟悉、不熟悉元音前的汉语不送气塞擦音与泰语/tɕ/的知觉语音非相似度存在非常显著差异，处在不熟悉元音前的 z/zh/j 与泰语/tɕ/的知觉语音非相似度更大。辅音发音部位与二语学习时间的交互作用不显著，$F(4, 102)=0.25$，$p>0.05$。元音熟悉性与二语学习时间的交互作用不显著，$F(2, 51)=1.73$，$p>0.05$。辅音发音部位与元音熟悉性的交互作用非常显著，$F(2, 102)=11.87$，$p<0.001$。简单效应分析表明：从元音熟悉性角度来看，在熟悉元音前的 z、zh、j 在知觉语音非相似度上差异显著（$p<0.01$），事后检验表明 z（ɑ）与 zh（ɑ）差异显著（$p<0.01$），z（ɑ）与 j（i）差异非常显著（$p<0.001$），zh（ɑ）与 j（i）差异不显著（$p>0.05$）；在不熟悉元音前的 z、zh、j 在知觉语音非相似度上差异非常显著（$p<0.001$），事后检验表明 z（i）与 zh（i）差异不显著（$p>0.05$），z（i）与 j（u）差异非常显著（$p<0.001$），zh（i）与 j（u）差异非常显著（$p<0.001$）。从辅音发音部位角度来看，z（ɑ）与 z（i）在知觉语音非相似度上差异非常显著（$p<0.001$），zh（ɑ）与 zh（i）在知觉语音非相似度上差异非常显著（$p<0.001$），j（i）与 j（u）在知觉语音非相似度上差异非常显著（$p<0.001$）。辅音发音部位、元音熟悉性、二语学习时间的交互作用不显著，$F(4, 102)=0.76$，$p>0.05$。

4.4.2 汉语 c/ch/q 与泰语送气塞擦音的知觉语音非相似度

研究考察了汉语 c、ch、q 与泰语/tɕ^h/的知觉语音非相似度，结果见表4－2。

表4－2 汉语 c/ch/q 与泰语/tɕ^h/的知觉语音非相似度

目的语国二语学习时间	汉语 c/ch/q 发音部位					
	c（舌尖齿背）		ch（舌尖齿龈后）		q（舌面前硬腭）	
	/a/ 熟悉	/ɿ/ 不熟悉	/a/ 熟悉	/ʅ/ 不熟悉	/i/ 熟悉	/y/ 不熟悉
3 个月	3.06	4.64	2.42	2.58	2.03	3.17
15 个月	3.03	4.78	1.92	2.44	1.86	3
27 个月	2.64	4.47	2.22	3.17	2.17	3.44

重复两个因素的三因素（3×3×2）方差分析结果表明，二语学习时间的主效应不显著，$F(2, 51) = 0.64$，$p > 0.05$，说明在广州学习汉语时间为3 个月、15 个月、27 个月的泰语母语者判定汉语 c/ch/q 与泰语/tɕ^h/的知觉语音非相似度差异不显著，泰语母语者所形成的汉泰送气塞擦音知觉关系没有随着目的语国二语时间的增长而发生变化。辅音发音部位的主效应非常显著，$F(2, 102) = 114.9$，$p < 0.001$，说明泰语母语者判定不同发音部位的汉语送气塞擦音与泰语/tɕ^h/的知觉语音非相似度存在非常显著的差异。多重比较表明：c 与 ch 差异非常显著（$p < 0.001$），说明泰语母语者判定 c 与泰语/tɕ^h/的知觉语音非相似度大于 ch 与泰语/tɕ^h/的；c 与 q 差异非常显著（$p < 0.001$），说明泰语母语者

判定 c 与泰语/$tɕ^h$/的知觉语音非相似度大于 q 与泰语/$tɕ^h$/的；ch 和 q 差异不显著（$p > 0.05$），说明泰语母语者判定汉语 c、q 与泰语/$tɕ^h$/的知觉语音非相似度无显著差异。元音熟悉性的主效应非常显著，$F(1, 51) = 145.45$，$p < 0.001$，说明泰语母语者判定处在熟悉、不熟悉元音前的汉语送气塞擦音与泰语/$tɕ^h$/的知觉语音非相似度存在非常显著差异，处在不熟悉元音前的 c/ch/q 与泰语/$tɕ^h$/的知觉语音非相似度更大。辅音发音部位与二语学习时间的交互作用显著，$F(4, 102) = 4.11$，$p < 0.01$。简单效应分析表明：从辅音发音部位角度看，三组学习者在 c 水平差异不显著（$p > 0.05$），在 ch 水平差异不显著（$p > 0.05$），在 q 水平差异不显著（$p > 0.05$）；从二语学习时间角度看，在 3 个月学习者的判定中 c/ch/q 差异非常显著（$p < 0.001$），在 15 个月学习者的判定中 c/ch/q 差异非常显著（$p < 0.001$），在 27 个月学习者的判定中 c/ch/q 差异非常显著（$p < 0.001$）。元音熟悉性与二语学习时间的交互作用不显著，$F(2, 51) = 1.39$，$p > 0.05$。辅音发音部位与元音熟悉性的交互作用非常显著，$F(2, 102) = 25.43$，$p < 0.001$。简单效应分析表明：从元音熟悉性角度看，在熟悉元音前的 c、ch、q 在知觉语音非相似度上差异非常显著（$p < 0.001$），事后检验表明 c（ɑ）与 ch（ɑ）差异非常显著（$p < 0.001$），c（ɑ）与 q（i）差异非常显著（$p < 0.001$），ch（ɑ）与 q（i）差异不显著（$p > 0.05$）；在不熟悉元音前的 c、ch、q 在知觉语音非相似度上差异非常显著（$p < 0.001$），事后检验表明 c（i）与 ch（i）差异非常显著（$p < 0.001$），c（i）与 q（u）差异非常显著（$p < 0.001$），ch（i）与 q（u）差异显著（$p < 0.01$）。从辅音发音部位角度看，c（ɑ）与 c（i）在知觉语音非相似度上差异非常显著（$p < 0.001$），ch（ɑ）与 ch（i）在知觉语音非相似度上差异非常显著（$p < 0.001$），q（i）与 q（u）在知觉语音非相似度上差异非常显著（$p < 0.001$）。辅音发

音部位、元音熟悉性、二语学习时间的交互作用不显著，$F(4, 102) = 0.74$，$p > 0.05$。

4.4.3 汉语 s/sh/x 与泰语擦音的知觉语音非相似度

研究考察了汉语 s、sh、x 与泰语/s/的知觉语音非相似度，结果见表4－3。

表4－3 汉语 s/sh/x 与泰语/s/的知觉语音非相似度

目的语国二语学习时间	汉语 s/sh/x 发音部位					
	s（舌尖齿背）		sh（舌尖齿龈后）		x（舌面前硬腭）	
	/a/ 熟悉	/ɿ/ 不熟悉	/a/ 熟悉	/ʅ/ 不熟悉	/i/ 熟悉	/y/ 不熟悉
3 个月	2.08	3.08	3.47	3.86	4.61	4.75
15 个月	1.89	2.72	3.36	3.56	4.06	4.83
27 个月	2.44	2.47	3.03	3.94	3.81	4.64

重复两个因素的三因素（$3 \times 3 \times 2$）方差分析结果表明，二语学习时间的主效应不显著，$F(2, 51) = 1.53$，$p > 0.05$，说明在广州学习汉语时间为3个月、15个月、27个月的泰语母语者判定汉语 s/sh/x 与泰语/s/的知觉语音非相似度差异不显著，学习者所形成的汉泰擦音知觉关系没有随着目的语国二语时间的增长而发生变化。辅音发音部位的主效应非常显著，$F(2, 102) = 86.55$，$p < 0.001$，说明泰语母语者判定不同发音部位的汉语擦音与泰语/s/的知觉语音非相似度存在非常显著的差异。多重比较表明：s 与 sh 差异非常显著（$p < 0.001$），说明泰语母语者判定汉语 sh 与泰语/s/的知觉语音非相似度显著大于汉语 s 与泰语/s/的；s 与 x 差异非常显著（$p < 0.001$），说明泰语母语者判定汉语

x与泰语/s/的知觉语音非相似度显著大于汉语s与泰语/s/的；sh与x差异非常显著（$p<0.001$），说明泰语母语者判定汉语x与泰语/s/的知觉语音非相似度显著大于汉语sh与泰语/s/的。元音熟悉性的主效应非常显著，$F(1, 51)=36.77$，$p<0.001$，说明泰语母语者判定处在熟悉、不熟悉元音前的汉语擦音与泰语/s/的知觉语音非相似度存在非常显著差异，处在不熟悉元音前的s/sh/x与泰语/s/的知觉语音非相似度更大。辅音发音部位与二语学习时间的交互作用不显著，$F(4, 102)=0.33$，$p>0.05$。元音熟悉性与二语学习时间的交互作用不显著，$F(2, 51)=0.1$，$p>0.05$。辅音发音部位与元音熟悉性的交互作用不显著，$F(2, 102)=0.17$，$p>0.05$。辅音发音部位、元音熟悉性、二语学习时间的交互作用显著，$F(4, 102)=4.19$，$p<0.01$。

4.5 分析讨论

4.5.1 泰汉不送气塞擦音融合范畴

泰语母语者按照辅音发音方法特征将汉语三组塞擦音和擦音均纳入了其母语音系范畴，形成了泰汉不送气塞擦音、泰汉送气塞擦音、泰汉擦音三个融合范畴。但学习者对同一融合范畴内部成员在发音部位上的差异有一定区分能力。这种区分能力没有随着学习者目的语国二语学习时间（3～27个月）的增长而增强。另外，辅音的后接元音熟悉性是影响跨语言辅音知觉语音非相似度的一个重要因素。

首先来看泰汉不送气塞擦音融合范畴。在这个融合范畴中，泰语/tɕ/为该范畴的典型样例，并且可以分别与元音/a/、/i/组合。汉语辅音z/zh/j与泰语/tɕ/的知觉距离受到了辅音发音部位和后接元音的共同影响，并且辅音发音部位与后接元音存在交互作用。实验结果表明，在熟悉元音前，泰语母语者判定汉语不送气塞擦音与泰语/tɕ/的知觉距离从小到大依次为j（i）/zh（ɑ）< z（ɑ）。在不熟悉元音前，泰语母语者判定汉语不送气塞擦音与泰语/tɕ/的知觉距离从小到大依次为j（u）<z（i）/zh（i）。并且，汉语 z/zh/j 在不熟悉元音前与泰语/tɕ/的知觉语音非相似度都显著地大于在熟悉元音情况下的，尤其是 zh 的知觉距离变化最大，从知觉距离最小变成了最大。因此，从上述实验结果可以推断，当汉语 j 处在元音/i/前时，其与泰语/tɕ/的知觉语音非相似度平均值为 1.82[①]，基本上可以认为是泰语范畴的“好”样例，而与不熟悉元音/y/组合是导致 j 的知觉语音非相似度显著增大的原因。汉语 z/zh 与元音/a/组合时，都相似于泰语/tɕ/，但两者在知觉语音非相似度上有显著差异，泰语母语者认为 zh 比 z 更像泰语/tɕ/。随着后接元音不熟悉性增大，z/zh 与泰语/tɕ/的知觉语音非相似度都增大，并且两者在非相似度上的差异消失。

目的语国二语学习时间（3～27 个月）对泰语母语者所形成的这种跨语言辅音知觉关系没有产生影响。泰语只有一个不送气清塞擦音与开元音组合，汉语有两个塞擦音 z/zh 与开元音组合，因此泰语母语者习得汉语 z/zh 时存在着一个分化的认知过程，那就是在发音部位上要分化出舌尖齿背（z）和舌尖齿龈后（zh）这两个部位。从本文的实验结果来看，在目的语国学习汉语 3 个月的泰语母语者已经对 z 和 zh 的发音部位有了一定分化，但这种分化能力在 15 个月、27 个月学习者的知觉表现上没有逐步增强的趋势。

---

① 从五度制等级量表来看，知觉语音非相似度值 1.82，接近于等级量表中的“2 = 非常像”。

4.5.2 泰汉送气塞擦音融合范畴

泰汉送气清塞擦音融合范畴，与泰汉不送气塞擦音融合范畴基本相似，但也有差异。泰语/tɕ^{h}/为该范畴的典型样例，并且可以分别与元音/a/、/i/组合。汉语辅音 c/ch/q 与泰语/tɕ^{h}/的知觉距离受到了辅音发音部位和后接元音的共同影响，并且辅音发音部位与后接元音存在交互作用。实验结果表明，在熟悉元音前，泰语母语者判定汉语送气塞擦音与泰语/tɕ^{h}/的知觉语音非相似度从小到大依次为 q（i）/ch（ɑ）<c（ɑ）。在不熟悉元音前，泰语母语者判定汉语送气塞擦音与泰语/tɕ^{h}/的知觉语音非相似度从小到大依次为 ch（i）<q（u）<c（i）。并且，汉语 c/ch/q 在不熟悉元音前与泰语/tɕ^{h}/的知觉语音非相似度都显著地大于其在熟悉元音前的。元音环境对汉语 c 与泰语/tɕ^{h}/的知觉距离的影响最大，c（i）已经处在范畴的边缘。这与知觉同化实验的范畴归类一致，当 c 与/ʅ/组合时，其被判定为泰语擦音比例显著地多于塞擦音。因此，从上述实验结果可以推断，当汉语 q 与/i/组合时，其与泰语/tɕ^{h}/的知觉语音非相似度平均值达到了 2.02①，基本上可以认为是泰语范畴的“好”样例。汉语 c/ch 与/a/组合时，都相似于泰语/tɕ^{h}/，但两者在相似度上有显著差异，ch 比 c 更像泰语/tɕ^{h}/。

目的语国二语学习时间（3~27 个月）对学习者所形成的这种跨语言知觉关系没有产生影响。与 z/zh 的分化一样，c/ch 也存在一个分化过程，在目的语国学了 3 个月的泰语母语者也对 c/ch 的发音部位有了一定分化，但这种分化能力在 15 个月、27 个月学习者的知觉表现上也没有逐步增强的趋势。

---

① 从五度制等级量表来看，知觉语音非相似度值 2.02，相当于等级量表中的“2 = 非常像”。

另外，泰语送气塞擦音对汉语擦音 x/sh 产生了相对较弱的同化作用，因此在此融合范畴的边缘可以认为还存在汉语 x/sh，后接元音在这里没有产生影响。

将泰汉不送气塞擦音、送气塞擦音这两个融合范畴结合来看，汉语的三组塞擦音中，舌面前硬腭塞擦音与泰语塞擦音非常接近；舌尖齿背、舌尖齿龈后塞擦音都相似于泰语塞擦音，而舌尖齿龈后音与泰语语音的知觉距离更近。

4.5.3 泰汉擦音融合范畴

泰汉擦音融合范畴的分布，与前两个融合范畴差异较大。实验结果表明，辅音发音部位、元音熟悉性的主效均应显著，辅音发音部位与元音熟悉性之间不存在交互作用。泰语/s/为该范畴的典型样例，并且可以分别与元音/a/、/i/组合。汉语辅音 s/sh/x 与泰语/s/的知觉距离受到了辅音发音部位、后接元音的影响。汉语 s 与泰语/s/的知觉语音非相似度最小，sh 的非相似度值大些，x 的非相似度值最大。从后接元音的角度来看，当元音是泰语母语者熟悉的/a/或/i/时，他们判定汉语 s/sh/x 与泰语/s/的知觉语音非相似度显著地小于不熟悉元音环境下的。因此，从上述实验结果可以推断，当汉语 s 与元音/a/组合时，其与泰语/s/的知觉语音非相似度（平均值）达到了 2.13[①]，基本上可以认为是泰语范畴的很好样例。而汉语 x（i）、sh（ɑ）与泰语/s/的知觉语音非相似度（平均值）分别是 4.16[②]、3.29[③]，这意味着学习者觉

① 从五度制等级量表来看，知觉语音非相似度值 2.13，接近于等级量表中的“2 = 非常像”。

② 从五度制等级量表来看，知觉语音非相似度值 4.16，接近于等级量表中的“4 = 有一点像”。

③ 从五度制等级量表来看，知觉语音非相似度值 3.29，接近于等级量表中的“3 = 有一些像”。

得 sh 比 x 更像泰语/s/。并且，泰语母语者在知觉上觉得汉语 x（i）与泰语/si/之间不相似，说明学习者可能能够在知觉上将两者区分开来。

从目的语国二语学习时间来看，3 个月的学习者已形成了这种汉泰擦音知觉关系，随着学习时间的增长（15 个月、27 个月），知觉关系没有发生显著变化，学习者对汉语辅音范畴的知觉水平没有随着目的语国二语学习时间（3～27 个月）的增长而提高。

4.5.4　元音熟悉性与二语经验在辅音知觉中的作用

跨语言知觉语音相似性的研究结果表明，辅音后接元音熟悉性是影响相似性的一个重要因素。泰语母语者基本上都判定处在他们所熟悉元音前的汉语辅音与泰语辅音更相似，例如 z（ɑ）、j（i）、zh（ɑ）、c（ɑ）、q（i）、ch（ɑ）、s（ɑ）、x（i）、sh（ɑ）各自都比 z（i）、j（u）、zh（i）、c（i）、q（u）、ch（i）、s（i）、x（u）、sh（i）更像泰语辅音。随着元音熟悉性的增大，跨语言辅音知觉非相似度也呈减小的趋势。究其原因，泰语塞擦音/擦音能与元音/a/、/i/组合，因此在他们的长时记忆中贮存了无数个/tɕ/与/a/、/$tɕ^h$/与/a/、/s/与/a/、/tɕ/与/i/、/$tɕ^h$/与/i/、/s/与/i/组合的样例。泰语母语者在对汉语辅音进行范畴归类和相似性判断时所依据的就是这些进入其意识中的母语范畴特定样例。根据类别知识表征的样例观，新例子与样例表征的相似性是它们特征相似性的乘性函数，一个很不熟悉的特征会导致很低的相似性，即使其他特征能较好匹配。泰语母语者判定辅音之间的相似性时，除了会依据辅音发音方法特征和发音部位特征，还会依据后接元音这个特征，元音在熟悉性上的降低会导致相似性显著降低。这样就造成泰语母语者判定处在熟悉元音前的汉语辅音比处在不熟悉元音前的更接近泰语辅音。这也说明，泰语母语者（目的语国二语学习时间3～27个月）形成有关汉语辅音音段的知觉表征依赖于语音环境。

泰语母语者对汉语辅音的知觉水平没有受到目的语国二语学习时间的影响。可以这样说，在目的语国学了15个月、27个月的学习者所形成的融合范畴，与在目的语国初学汉语3个月的学习者所形成的融合范畴相比，没有发生显著变化。造成这一结果的原因可能有以下四个方面：第一，被试的年龄。实验中的被试年龄都在18岁以上，他们在接触二语（汉语）时，其母语语音范畴都已经发展得很完善，因此一语语音对与其相似的二语语音产生了强大的吸附作用，致使学习者在经过目的语国27个月的学习时间后，其二语语音仍无法脱离一语语音的吸附而为自己建立独立的语音范畴。第二，目的语国汉语学习时间的限制。前人研究结果表明，二语语音范畴从融合范畴中脱离出来形成自己独立的范畴，可能需要比较长的时间，二语辅音学习可能需要数年甚至更长的时间才能表现出来。本实验中泰语母语者在目的语国学习时间为3～27个月，学习时间上的限制也可能是导致跨语言知觉语音相似性没有发生显著变化的一个原因。如果把目的语国二语学习时间的跨度拉长到4年或更长，或许就能观察到学习者在知觉上的进步。第三，参加实验的泰语母语者，有的来广州以前在泰国学过汉语。如果选择的被试没有在泰国学习汉语的背景，也许实验可能捕捉得到他们在二语习得前期阶段表现出的变化。第四，实验没有对同一组被试作纵向跟踪调查，而是选择了三组被试作横向调查来间接考察习得发展性，据此得到的结论只能是对习得发展性的一种推测，如全面考察习得发展性还需要进一步通过纵向跟踪调查来获得直接的证明材料。

综上所述，泰语母语者将汉语辅音范畴均纳入其母语范畴，可能形成了包括一语与二语辅音的三个融合范畴——泰汉不送气塞擦音、泰汉送气塞擦音、泰汉擦音。三个融合范畴之间不是完全独立的，存在部分重叠，即送气塞擦音与擦音之间的部分重叠。

泰语母语者习得汉语塞擦音和擦音的过程，既存在知觉同化过程，也存在知觉分化过程。知觉同化是基于辅音发音方法的同化，知觉分化是基于辅音发音部位的分化。泰语母语者在知觉上认为汉语舌面前硬腭塞擦音与泰语塞擦音最接近，可以认为是该范畴的“好”样例。汉语舌尖齿背、舌尖齿龈后塞擦音与泰语塞擦音的相似度都还小一些，但舌尖齿龈后塞擦音比舌尖齿背塞擦音更接近泰语塞擦音。至于擦音，泰语母语者在知觉上认为汉语舌尖齿背擦音与泰语擦音最接近，可以认为是该范畴的“好”样例。汉语舌面前硬腭、舌尖齿龈后擦音与泰语擦音的相似度都还小一些，但舌尖齿龈后擦音比舌面前硬腭擦音更接近泰语擦音。

泰语母语者形成的汉语辅音范畴心理表征具有“语境—依存”性质，而非“语境—独立”，这里的“语境”主要指辅音后接元音。支持该结论的证据是泰语母语者所知觉到的汉泰辅音相似度受到了后接元音的影响。当汉语辅音与学习者所熟悉的元音组合时，学习者知觉到的相似度大；当汉语辅音与学习者所不熟悉的元音组合时，学习者知觉到的相似度小。

泰语母语者汉语辅音范畴的心理表征没有受到目的语国二语学习时间的影响，主要表现是学习者所知觉到的汉泰辅音相似度没有随着二语学习时间的增长而发生变化。当然本结论只局限于二语习得的前期阶段，不能扩展到二语习得的后期阶段。二语者所知觉到的二语与一语的音段关系是否会随着二语经验的增加而发生变化，以及二语经验到底要达到多少才可能使二语与一语的音段知觉关系表现出变化，都还需要通过对二语习得后期阶段的考察来进行进一步的探索。

5 泰语母语者汉语塞擦音和擦音的知觉区分

5.1 知觉同化对知觉区分的预测

从知觉同化实验的跨语言匹配结果可以推断，泰语母语者区分汉语辅音对立时，区分难度比较小的辅音对立可能有下列两种情况：①汉语不送气—送气塞擦音，例如 z – c、zh – ch、j – q；②汉语不送气塞擦音—擦音，例如 z – s、j – x、zh – sh。对于泰语母语者来说，有一定区分难度的汉语辅音对立可能是下列两种情况：①发音方法相同、发音部位不同的辅音对立，例如 z – zh、c – ch、s – sh；②发音部位相同的汉语送气塞擦音—擦音，例如 ch – sh、c – s、q – x。

泰语母语者都比较明确地将汉语不送气、送气塞擦音辨认为泰语两个不同范畴的样例，将汉语 z/zh/j 归类为泰语/tɕ/，将汉语 c/ch/q 归类为泰语/$tɕ^h$/，这一发现表明即使汉语不送气、送气塞擦音可能与泰语/tɕ/、/$tɕ^h$/在语音上存在差异，但泰语母语者听到汉语不送气—送气塞擦音对立（z – c、j – q、zh – ch）时可能会为两个辅音产生不同的语音编码，比较容易地将汉语 z – c、zh – ch、j – q 区分开。因此，汉语不送气—送气塞擦音对立将作为控制组出现在实验中，以证明参与本实验的泰语母语者都清楚范畴区分任务，并且能够产生工作记忆以确保范畴区分任务完成。同样，本文推断泰语母语者区分汉语不送气塞擦音—擦音对立（z－s、zh－sh、j－x）的难度很小，也是基于上述相似理由。泰语母语者也都比较明确地将汉语不送气塞擦音、擦音辨认为泰语两个不同范畴的样例，将汉语 z/zh/j 归类为泰语/tɕ/，将汉语 s/sh/x 归类为泰语/tɕʰ/或/s/，因此他们在听到汉语不送气塞擦音—擦音对立时也会为两个刺激产生不同的语音编码，从而很容易将对比区分开。

从知觉同化实验结果还可以推断，泰语母语者区分汉语发音方法相同、发音部位不同的辅音对立（z－zh、c－ch、s－sh）和发音部位相同的汉语送气塞擦音—擦音对立（c－s、q－x、ch－sh）存在困难。首先来看发音方法相同、发音部位不同的汉语辅音对立（z－zh、c－ch、s－sh）。泰语母语者将汉语 z/zh/j 都知觉归类为同一个泰语辅音范畴/tɕ/，归类比例都在 80% 以上，因此学习者可能无法为 z－j、j－zh、z－zh 对立中的两个刺激产生不同的语音编码。但是，考虑到汉语辅音与元音组合的实际情况，j 与 z/zh 不会出现在相同元音前，因此实际上 j 不会出现与 z/zh 单独进行辅音区分的情况，而只有 z－zh 辅音对立会给学习者带来困难。同样，c－ch、s－sh 的知觉难度也是基于上述相似理由而预测出来的。其次来看发音部位相同的汉语送气塞擦音—擦音对立（c－s、q－x、ch－sh）。在这三组对比中都有一个辅音被等同归类入一个泰语辅音范畴，另一个辅音被等同归类入两个泰语辅音范畴。例如，s 有 95% 被归入泰语/s/，c 则被归入/tɕʰ/（51%）和/s/（29%）；q 有 94% 归入泰语/tɕʰ/，x 则被归入/tɕʰ/（69%）和/s/（28%）；ch 有 94% 归入泰语/tɕʰ/，sh 被归入/tɕʰ/（33%）和/s/（66%）（见表 3－9）。Guion et al.（2000）指出，知觉同化上的“重叠”（overlap）可能可以预测二语区分难度。据此可以推断，泰语母语者区分 c－s、q－x、ch－sh 存在困难。

已有的研究结果表明，二语学习者对二语语音对立的区分是考察二语语音范畴建立情况的一种途径，如果学习者建立了二语语音范畴，则他们会提高对二语—一语、二语—二语范畴之间差异的敏感度，同时会降低对二语范畴内部样本变异的敏感度。因此，实验将通过考察泰语母语者对汉语辅音对立的区分来进一步探讨学习者二语语音范畴的形成情况以及知觉学习的情况。本实验的前提假设是，被试对辅音对立要有高水平区分行为，这就要求被试要为汉语辅音对立建立一个或两个新语音范畴。

5.2 实验目的[①]

本研究的目的是通过范畴区分测试来考察泰语母语者对汉语辅音对立的区分情况，以此探测泰语母语者对汉语辅音范畴的知觉水平。本研究选择了三类汉语辅音对立分别考察：

（1）发音方法相同、发音部位不同的汉语辅音对立（z－zh、z－j、j－zh）。

发音方法相同、发音部位不同的汉语辅音对立共有 9 对（z－zh、z－j、zh－j，c－ch、c－q、ch－q，s－sh、s－x、sh－x），考虑到被试参加实验的时间长度和疲劳效应，实验只选择了其中的不送气塞擦音（z－zh、z－j、zh－j）这一组作为代表来考察此问题。研究同时考察了目的语国二语学习时间对辅音区分成绩的影响。

需要提出注意的是，汉语 j 与 z/zh 出现的元音环境是互补分布，因此在汉语实际使用中对于辅音 z－j、zh－j 的区分只出现对整个音节作区分的情况，而不会需要单独区分辅音。因此，研究选择了 zɑ－jiɑ、zi－ji、zhɑ－jiɑ、zhi－ji 四组音节来考察。对于

① 本实验部分内容以《元音环境和二语经验在辅音知觉中的作用》为题发表于《汉语学习》2013 年第 2 期。

z－zh 的区分，它们可出现在相同元音环境下，因此存在单独区分辅音的情况，研究选择了 za－zha 进行考察，另外选择了音节对 zi－zhi。

实验预期假设是：虽然泰语辅音对汉语辅音存在强大的知觉同化作用，但由于汉语声韵搭配的实际情况，泰语母语者不需要对 z－j、zh－j 作单独的辅音区分，整体音节区分中由于后接元音的不同有助于知觉区分，因此 za－jia、zi－ji、zha－jia、zhi－ji 这四组音节区分对泰语母语者来说可能难度不大。辅音对立 z－zh 的区分对学习者来说有难度。根据知觉学习实验的结果可知，虽然泰语母语者将汉语 z 和 zh 都知觉同化为同一个泰语范畴，但他们判定汉语 z、zh 与泰语/tɕ/的知觉距离存在差异，zh 与泰语/tɕ/的知觉语音相似度大于 z，这种知觉距离上的差异有助于学习者区分 z－zh，因此，我们预期学习者区分 z－zh 虽然有难度，但也不会区分得很差。

（2）发音方法不同、发音部位相同的汉语辅音对立（c－s、q－x、ch－sh）。

发音方法不同、发音部位相同的汉语辅音对立选择了 c－s、q－x、ch－sh。由于 s、x、sh 的跨语言知觉归类都会受到后接元音影响，因此后接元音被作为影响辅音对立区分成绩的一个因素来考察，后接元音选择了“熟悉”与“不熟悉”两类：c、s 的后接元音按熟悉、不熟悉选择了/a/、/ɿ/；q、x 的后接元音按熟悉、不熟悉选择了/i/和/y/；ch、sh 的后接元音按熟悉、不熟悉选择了/a/和/ʅ/。另外，研究还考察了目的语国二语学习时间、辅音对立的发音部位对区分成绩的影响。

实验预期假设是：泰语母语者区分这 3 对辅音对立较困难，因为学习者存在将不送气塞擦音与擦音这两个范畴相混淆的情况。同时，知觉同化实验的结果表明，学习者之所以混淆这两个范畴，后接元音起了一定作用。因此，后接元音可能同样会影响学习者区分辅音对立的成绩。

（3）汉语辅音不送气与送气的对立（zh－ch）。

由于泰语中也存在不送气—送气两个音位范畴，泰语母语者能很好地将汉语的不送气—送气范畴分别归入泰语两个音位范畴，因此我们假设泰语母语者区分汉语辅音不送气—送气对比没有困难。研究选择了 zh－ch 作为控制组，以证明参与实验的泰语母语者都清楚范畴区分任务，并且能够产生工作记忆以确保范畴区分任务的完成。

5.3 实验方法

5.3.1 被试

泰语母语者 54 人，女 27 人，男 27 人；被试均在广州暨南大学华文学院学习汉语。实验根据被试在目的语国二语学习时间长短（在广州学习汉语时间）分为 3 组：3 个月、15 个月、27 个月。这三组被试在华文学院也相应地分处在三个年级：一年级、二年级、三年级。被试中华裔 32 人，非华裔 22 人。华裔中有 10 人不清楚自己的汉语方言，有 13 人的汉语方言为潮汕话，另外还有客家话、粤语等。为避免汉语方言对被试普通话语音习得的影响，实验对华裔被试的汉语方言水平进行了控制，主要选择了完全不会汉语方言或汉语方言水平比较低的华裔，仅有 3 名华裔能说汉语方言的日常用语。另外，为避免年龄对被试汉语普通话语音习得的影响，实验也将被试年龄控制在 18～24 岁（有 2 人 25 岁，1 人 27 岁）。被试听力正常，实验后付给少量报酬。被试的分组情况见第三章表 3－7。

5.3.2 实验材料

实验采用二语言语学习研究所使用的范畴区分测试(categorial discrimination test)(Flege et al.,1999;Guion,et al.,2000)，以考察范畴形成情况。实验中每对辅音对立的知觉区分都采用8个“变化测试”和8个“无变化测试”。“变化测试”的目的是考察被试在两个不同范畴中识别辅音的能力。例如，辅音对立c-s的“变化测试”包含3个刺激c_2、s_1、c_3（数字下标表示不同发音人），被试通过选择纸张上的选项“第2个”（或“第1个”、“第3个”）来表明第几个音与其他两个不同。“无变化测试”的目的是考察被试区分范畴内部变异的能力，这种能力可以忽略听觉上的(而不是语音上的）不相关因素。测试由不同发音者发出相同的音，被试需要忽略这种发音人变异才能作出正确判断。例如，辅音对立z-zh的“无变化测试”包括3个刺激z_1、z_2、z_3或zh_1、zh_2、zh_3（数字下标表示不同发音人），被试通过选择纸张上的选项“都一样”来表明3个音相同，若选择选项“第1个”、“第2个”、“第3个”则都表示区分错误。研究中的音节对立知觉区分借鉴了范畴区分测试的方法，也采用了8个“变化测试”和8个“无变化测试”。研究采用“变化测试”和“无变化测试”的理论基础是，新语音范畴的建立可以提高学习者对新范畴——一语范畴、新范畴——二语范畴之间差异的敏感度，同时会降低对新范畴内部样本变异的敏感度。

实验所用的范畴区分测试将发音人变异纳入了考察视野，这主要基于下述考虑：已有研究结果表明，非母语语音对立的知觉区分除了会受到语音环境影响，还会受到说话人影响。听者可能会在记忆中对说话人的相关信息进行编码，这些编码也是非母语语音范畴形成表征的一部分（Lively et al.，1993）。Logan et al.(1991）指出，知觉学习过程中听者形成的表征可能非常依赖语境，其中说话人的声门波形、声道、方言、自然语速都可能会作为语境信息的一部分贮存在长时记忆表征中。Lively et al.（1993）训练日本人区分英语辅音对立/r/－/l/时采用了5名发音人的声音刺激，发现知觉区分正确率和反应潜伏期受到发音人的影响，日本人对其中一名发音人声音刺激的反应最正确，而对另一名发音人声音刺激的反应最差。因此，二语者区分非母语语音对立时，能否忽略发音人变异也是评估其区分能力的一个方面。

实验材料由声母为z/zh/j、c/s、q/x、ch/sh的CV结构单音节构成。实验对辅音所在音节的声调进行了匹配，每个辅音所在的音节分别配阴平、阳平/上声两种声调，阳平/上声的选择由普通话声、韵、调配合规律决定，阳平作为第一选择，没有阳平的选上声。实验也控制了辅音后接元音，由于j与z/zh的后接元音不同，z/zh的后接元音选择了/a/和/ɿ/、/ʅ/，j的后接元音选择了/ia/和/i/。CV结构单音节的具体声韵调搭配情况见表5－1。

表5－1　实验材料所用CV结构单音节的声韵调搭配

汉语辅音	元音环境							
	ɑ/iɑ		i		ü		－i	
z	zā	zá					zī	
j	jiā	jiá	jī	jí				
zh	zhā	zhá					zhī	zhí
c	cā	cǎ					cī	cǐ
s	sā	sǎ					sī	sǐ
q			qī	qí	qū	qú		
x			xī	xí	xū	xú		
ch	chā	chá					chī	chí
sh	shā	shá					shī	shí

实验刺激通过 4 名普通话标准的发音人（男）的录音得到，电脑录音采样频率 16kHz，分辨率 16 bit。按照辅音对子（或音节对子）所包含的“变化测试”和“无变化测试”来安排实验刺激，辅音对子（或音节对比子）总计有 112 个测试项目，其中有 56 个“变化测试”和 56 个“无变化测试”，见表 5－2。每个“变化测试”或“无变化测试”都包含 3 个声音刺激，3 个刺激由 3 名不同发音人发出，数字下标表示不同发音人。声音刺激间的间隔时间为 0.5 秒，3 个声音刺激的顺序随机排列。所有 112 个测试项目随机排列，每个测试项目播放一次，测试项目之间的间隔时间为 4 秒。

表 5－2　汉语辅音对立的“变化测试”和“无变化测试”实验材料

辅音对子（或音节对子）		变化测试		无变化测试	
z－j	za－jia	zā$_3$ zā$_2$ jiā$_1$	jiā$_3$ jiā$_2$ zā$_1$	zā$_1$ zā$_2$ zā$_3$	jiā$_1$ jiā$_2$ jiā$_3$
		zá$_4$ zá$_3$ jiá$_2$	jiá$_4$ jiá$_3$ zá$_2$	zá$_2$ zá$_3$ zá$_4$	jiá$_2$ jiá$_3$ jiá$_4$
	zi－ji	zī$_1$ zī$_4$ jī$_3$	jī$_1$ jī$_4$ zī$_3$	zī$_3$ zī$_4$ zī$_1$	jī$_3$ jī$_4$ jī$_1$
		zī$_2$ zī$_1$ jī$_4$	jī$_2$ jī$_1$ zī$_4$	zī$_4$ zī$_1$ zī$_2$	jī$_4$ jī$_1$ jī$_2$
z－zh	za－zha	zā$_3$ zā$_2$ zhā$_1$	zhā$_3$ zhā$_2$ zā$_1$	zā$_1$ zā$_2$ zā$_3$	zhā$_1$ zhā$_2$ zhā$_3$
		zá$_4$ zá$_3$ zhá$_2$	zhá$_4$ zhá$_3$ zá$_2$	zá$_2$ zá$_3$ zá$_4$	zhá$_2$ zhá$_3$ zhá$_4$
	zi－zhi	zī$_1$ zī$_4$ zhī$_3$	zhī$_1$ zhī$_4$ zī$_3$	zī$_3$ zī$_4$ zī$_1$	zhī$_3$ zhī$_4$ zhī$_1$
		zī$_2$ zī$_1$ zhī$_4$	zhī$_2$ zhī$_1$ zī$_4$	zī$_4$ zī$_1$ zī$_2$	zhī$_4$ zhī$_1$ zhī$_2$
j－zh	jia－zha	jiā$_3$ jiā$_2$ zhā$_1$	zhā$_3$ zhā$_2$ jiā$_1$	jiā$_1$ jiā$_2$ jiā$_3$	zhā$_1$ zhā$_2$ zhā$_3$
		jiá$_4$ jiá$_3$ zhá$_2$	zhá$_4$ zhá$_3$ jiá$_2$	jiá$_2$ jiá$_3$ jiá$_4$	zhá$_2$ zhá$_3$ zhá$_4$
	ji－zhi	jī$_1$ jī$_4$ zhī$_3$	zhī$_1$ zhī$_4$ jī$_3$	jī$_3$ jī$_4$ jī$_1$	zhī$_3$ zhī$_4$ zhī$_1$
		jí$_2$ jí$_1$ zhí$_4$	zhí$_2$ zhí$_1$ jí$_4$	jí$_4$ jí$_1$ jí$_2$	zhí$_4$ zhí$_1$ zhí$_2$

（续上表）

辅音对子（或音节对子）		变化测试		无变化测试	
c - s	ca - sa	cā$_3$ cā$_2$ sā$_1$	sā$_3$ sā$_2$ cā$_1$	cā$_1$ cā$_2$ cā$_3$	sā$_1$ sā$_2$ sā$_3$
		cǎ$_4$ cǎ$_3$ sǎ$_2$	sǎ$_4$ sǎ$_3$ cǎ$_2$	cǎ$_2$ cǎ$_3$ cǎ$_4$	sǎ$_2$ sǎ$_3$ sǎ$_4$
	ci - si	cī$_1$ cī$_4$ sī$_3$	sī$_1$ sī$_4$ cī$_3$	cī$_3$ cī$_4$ cī$_1$	sī$_3$ sī$_4$ sī$_1$
		cǐ$_2$ cǐ$_1$ sǐ$_4$	sǐ$_2$ sǐ$_1$ cǐ$_4$	cǐ$_4$ cǐ$_1$ cǐ$_2$	sǐ$_4$ sǐ$_1$ sǐ$_2$
q - x	qi - xi	qī$_3$ qī$_2$ xī$_1$	xī$_3$ xī$_2$ qī$_1$	qī$_1$ qī$_2$ qī$_3$	xī$_1$ xī$_2$ xī$_3$
		qí$_4$ qí$_3$ xí$_2$	xí$_4$ xí$_3$ qí$_2$	qí$_2$ qí$_3$ qí$_4$	xí$_2$ xí$_3$ xí$_4$
	qu - xu	qū$_1$ qū$_4$ xū$_3$	xū$_1$ xū$_4$ qū$_3$	qū$_3$ qū$_4$ qū$_1$	xū$_3$ xū$_4$ xū$_1$
		qú$_2$ qú$_1$ xú$_4$	xú$_2$ xú$_1$ qú$_4$	qú$_4$ qú$_1$ qú$_2$	xú$_4$ xú$_1$ xú$_2$
ch - sh	cha - sha	chā$_3$ chā$_2$ shā$_1$	shā$_3$ shā$_2$ chā$_1$	chā$_1$ chā$_2$ chā$_3$	shā$_1$ shā$_2$ shā$_3$
		chá$_4$ chá$_3$ shá$_2$	shá$_4$ shá$_3$ chá$_2$	chá$_2$ chá$_3$ chá$_4$	shá$_2$ shá$_3$ shá$_4$
	chi - shi	chī$_1$ chī$_4$ shī$_3$	shī$_1$ shī$_4$ chī$_3$	chī$_3$ chī$_4$ chī$_1$	shī$_3$ shī$_4$ shī$_1$
		chí$_2$ chí$_1$ shí$_4$	shí$_2$ shí$_1$ chí$_4$	chí$_4$ chí$_1$ chí$_2$	shí$_4$ shí$_1$ shí$_2$
zh - ch	zha - cha	zhā$_3$ zhā$_2$ chā$_1$	chā$_3$ chā$_2$ zhā$_1$	zhā$_1$ zhā$_2$ zhā$_3$	chā$_1$ chā$_2$ chā$_3$
		zhá$_4$ zhá$_3$ chá$_2$	chá$_4$ chá$_3$ zhá$_2$	zhá$_2$ zhá$_3$ zhá$_4$	chá$_2$ chá$_3$ chá$_4$
	zhi - chi	zhī$_1$ zhī$_4$ chī$_3$	chī$_1$ chī$_4$ zhī$_3$	zhī$_3$ zhī$_4$ zhī$_1$	chī$_3$ chī$_4$ chī$_1$
		zhí$_2$ zhí$_1$ chí$_4$	chí$_2$ chí$_1$ zhí$_4$	zhí$_4$ zhí$_1$ zhí$_2$	chí$_4$ chí$_1$ chí$_2$

5.3.3 实验程序

实验提供台式电脑和耳机，被试在语音实验室完成测试。正式开始之前，被试先完成 5 个测试项目以熟悉实验。这 5 个测试项目中有“变化测试”，也有“无变化测试”。实验指导者用中文进行说明指导。接着，正式的 112 个实验测试项目通过电脑随机呈现给被试。同时以纸质形式提供给被试4个选项："第1个"、"第2个"、"第3个"、"都一样"。每个实验测试项目播放一次，其中包含3个声音刺激，若被试判定3个刺激的辅音都一样则选择"都一样"；若被试判定3个音中有一个与其他两个不一样则选择该音所在位置"第1个"、"第2个"或"第3个"。例如，若被试听到一个测试项目中的3个音分别为"$zh\bar{a}_1$ $zh\bar{a}_2$ $zh\bar{a}_3$"（数字下标表示不同说话人），则应选择"都一样"以表示3个音相同；若被试听到一个测试项目中的3个音分别为"$c\bar{a}_3$ $c\bar{a}_2$ $s\bar{a}_1$"，则应选择"第3个"以表示第3个音与其他两个不一样。

5.3.4 测量指标

为了减少反应偏向可能带来的影响，所有分析中的因变量都采用了A'成绩。A'成绩以被试在"变化测试"中正确反应比例和"无变化测试"中错误反应比例作为基础。A′成绩计算公式采用Snodgrass et al.（1995）的公式（转引自 Aoyama et al.，2004），计算方法如下：H = 被试在"变化测试"中正确选择的比例；FA = 被试在"无变化测试"中错误选择的比例。当$H = FA$，$A' = 0.5$；当$H > FA$，$A' = 0.5 + [(H - FA) \times (1 + H - FA)] / [(4 \times H) \times (1 - FA)]$；当$H < FA$，$A' = 0.5 - [(FA - H) \times (1 + FA - H)] / [(4 \times FA) \times (1 - H)]$。当$A'$成绩达到1.0时，表示被试有很好的区分能力（例如其对变化测试和无变化测试的反应都正确）；当A'成绩为0.5或低于0.5时，表示被试对辅音对比的敏感度缺乏。

研究采用A'成绩作为测量指标是为了减少反应偏向对实验结果的影响。传统的范畴区分测试只考察被试在两个不同范畴中识别辅音的能力，相当于本实验中的"变化测试"。而实际上通过表5-3中的比较可以看到，被试在"变化测试"中全部反应正确未必在"无变化测试"中也全部反应正确，被试在"变化测试”中反应差未必在“无变化测试”中也反应差，区分能力实际上存在很多差异。因此，A'成绩通过将两种反应结果的综合，就比较全面、完整地考察了范畴区分情况。A'成绩不仅反映了学习者对范畴之间的区分水平，也反映了其对范畴内部因样本变异所造成差异的区分水平，以此来衡量被试建立新范畴的情况。

表 5－3 “变化测试”正确率与A'成绩的比较

$H>FA$，$A'=0.5+[(H-FA)\times(1+H-FA)]/[(4\times H)\times(1-FA)]$										
H 变化测试正确率	1	1	1	1	0.75	0.75	0.75	0.5	0.5	0.25
FA 无变化测试错误率	0	0.25	0.5	0.75	0	0.25	0.5	0	0.25	0
A'成绩	1	0.94	0.88	0.81	0.94	0.83	0.71	0.88	0.71	0.81
$H<FA$，$A'=0.5-[(FA-H)\times(1+FA-H)]/[(4\times FA)\times(1-H)]$										
H 变化测试正确率	0	0	0	0	0.25	0.25	0.25	0.5	0.5	0.75
FA 无变化测试错误率	1	0.75	0.5	0.25	1	0.75	0.5	1	0.75	1
A'成绩	0	0.06	0.13	0.19	0.06	0.17	0.29	0.13	0.29	0.19
$H=FA$，$A'=0.5$										
H 变化测试正确率	1	0.75	0.5	0.25	0					
FA 无变化测试错误率	1	0.75	0.5	0.25	0					
A'成绩	0.5	0.5	0.5	0.5	0.5					

5.4 实验结果

5.4.1 泰语母语者对汉语 z – zh 的知觉区分

研究分析了泰语母语者对 za – jia、zi – ji、za – zha、zi – zhi、jia – zha、ji – zhi 六组音节对子的变化测试和无变化测试的区分情况，以 A' 成绩来整体考察被试对音节的敏感度，结果见表5 – 4。

表 5 – 4 泰语母语者区分 za – jia、zi – ji、za – zha、zi – zhi、jia – zha、ji – zhi 的 A'成绩

目的语国二语学习时间	音节对子					
	za – jia	zi – ji	za – zha	zi – zhi	jia – zha	ji – zhi
3 个月	0.78	0.92	0.63	0.61	0.77	0.93
15 个月	0.82	0.94	0.68	0.73	0.81	0.94
27 个月	0.82	0.94	0.59	0.64	0.76	0.95

实验采用重复测量一个因素的 3（目的语国二语学习时间）× 6（汉语音节对子）混合设计。自变量目的语国二语学习时间分为 3 个水平（3 个月、15 个月、27 个月），自变量汉语音节对子分为 6 个水平（za – jia、zi – ji、za – zha、zi – zhi、jia – zha、ji – zhi）。目的语国二语学习时间为被试间变量，汉语音节对子为被试内变量，因变量为 A'成绩。

方差分析结果表明，目的语国二语学习时间的主效应不显著，$F(2, 51) = 1.04$，$p > 0.05$。汉语音节对子的主效应非常显著，$F(5, 255) = 30.59$，$p < 0.001$。多重比较表明，za－jia和jia－zha差异不显著（$p > 0.05$），zi－ji和ji－zhi差异不显著（$p > 0.05$），za－zha和zi－zhi差异不显著（$p > 0.05$），其他两两音节对子之间的差异均显著（$p < 0.05$）。汉语音节对子与目的语国二语学习时间的交互作用不显著，$F(10, 255) = 0.45$，$p > 0.05$。

研究表明，泰语母语者区分这六组音节对子的成绩没有受到目的语国二语学习时间（3～27个月）的影响，在广州学习了15个月、27个月汉语的泰语母语者对音节对子的区分水平没有表现出进步。当然这六对对子也存在不同情况，zi－ji、ji－zhi的区分成绩最好，都达到了0.92以上，出现了“天花板效应”，也就是说初学汉语3个月的学习者就能很好地区分，因此随着学习时间增长也没有再进步的空间；za－jia、jia－zha的区分成绩次之，介于0.76和0.82之间；za－zha、zi－zhi的区分成绩最差，介于0.59和0.68之间（仅有一例0.73）。由于za－zha对比中学习者实际区分的是辅音z－zh，因此可以推断学习者区分辅音z－zh有较大难度。这一推断也可以在zi－zhi的区分结果上得到证明，学习者对zi－zhi的区分与za－zha一样差，由于zi和zhi都是擦音与同发音部位元音相接，实际上对这两个音节的区分就是对发音部位的区分。学习者较难区分z－zh，但A'成绩都在0.59之上。根据A'成绩的评定标准，当A'成绩为0.5或低于0.5时，表示被试对辅音对立的敏感度缺乏。这说明，泰语母语者对z－zh有一定敏感度。究其原因，泰语母语者虽然将z和zh都知觉同化为同一个泰语范畴，但泰语母语者能够知觉到汉语z、zh与泰语/tɕ/在相似度上存在差异，他们判定zh比z更像泰语/tɕ/，这种知觉距离上的差异有助于学习者区分z－zh。

5.4.2　泰语母语者对汉语 c－s、ch－sh、q－x 的知觉区分

研究分析了泰语母语者在变化测试和无变化测试中对 c－s、ch－sh、q－x 对立的区分情况，以 A'成绩来整体考察被试对辅音的敏感度，结果见表 5－5。

表 5－5　泰语母语者区分 c－s、ch－sh、q－x 的 A'成绩

目的语国二语学习时间	汉语辅音对立					
	c－s（舌尖齿背）		ch－sh（舌尖齿龈后）		q－x（舌面前硬腭）	
	/a/ 熟悉	/ɿ/ 不熟悉	/a/ 熟悉	/ʅ/ 不熟悉	/i/ 熟悉	/y/ 不熟悉
3 个月	0.93	0.42	0.91	0.52	0.32	0.44
15 个月	0.94	0.27	0.90	0.47	0.55	0.32
27 个月	0.92	0.45	0.93	0.59	0.58	0.36

实验采用重复测量两个因素的 3（目的语国二语学习时间）×3（汉语辅音发音部位）×2（元音熟悉性）混合设计。自变量目的语国二语学习时间分为 3 个水平（3 个月、15 个月、27 个月），自变量汉语辅音发音部位分为 3 个水平（舌尖齿背、舌尖齿龈后、舌面前硬腭），自变量元音分熟悉性为 2 个水平（熟悉、不熟悉）。目的语国二语学习时间为被试间变量，汉语辅音发音部位、元音熟悉性为被试内变量；因变量为 A'成绩。

方差分析结果表明，二语学习时间的主效应不显著，$F(2, 51)=1.14$，$p>0.05$，说明在广州学习汉语时间为 3 个月、15 个月、27 个月的泰语母语者区分汉语辅音对比的成绩差异不显

著，学习者区分汉语辅音对立的能力没有随着目的语国二语学习时间的增长而提高。辅音发音部位的主效应非常显著，$F(2, 102) = 59.75$，$p < 0.001$，说明泰语母语者区分不同发音部位的汉语辅音对立成绩存在非常显著的差异。多重比较表明：舌尖齿背与舌面前硬腭差异非常显著（$p < 0.001$），说明学习者区分 c－s 好于 q－x；舌尖齿背与舌尖齿龈后差异显著（$p < 0.01$），说明学习者区分 ch－sh 好于 c－s；舌面前硬腭与舌尖齿龈后差异非常显著（$p < 0.001$），说明学习者区分 ch－sh 好于 q－x。元音熟悉性的主效应非常显著，$F(1, 51) = 266.61$，$p < 0.001$，说明泰语母语者区分处在熟悉、不熟悉元音前的汉语辅音对立成绩存在非常显著的差异，处在熟悉元音前的辅音对立区分成绩高于处在不熟悉元音前的。辅音发音部位与二语学习时间的交互作用不显著，$F(4, 102) = 0.89$，$p > 0.05$；元音熟悉性与二语学习时间的交互作用显著 $F(2, 51) = 6.28$，$p < 0.01$。辅音发音部位与元音熟悉性的交互作用非常显著，$F(2, 102) = 31.71$，$p < 0.001$。简单效应分析表明：从辅音发音部位角度看，ca－sa 与 ci－si 的区分成绩差异非常显著（$p < 0.001$），qi－xi 与 qu－xu 的区分成绩差异显著（$p < 0.05$），cha－sha 与 chi－shi 的区分成绩差异非常显著（$p < 0.001$）。从元音熟悉性角度看，在熟悉元音前的三组辅音对立的区分成绩差异非常显著（$p < 0.001$），事后检验表明 ca－sa 与 qi－xi 差异非常显著，qi－xi 与 cha－sha 差异非常显著，ca－sa 与 cha－sha 差异不显著；在不熟悉元音前的三组辅音对立的区分成绩差异显著（$p < 0.01$），事后检验表明 ci－si 与 qu－xu 差异不显著（$p > 0.05$）、qu－xu 与 chi－shi 差异显著（$p < 0.01$）、ci－si 与 chi－shi 差异显著（$p < 0.01$）。辅音发音部位、元音熟悉性、二语学习时间的交互作用显著，$F(4, 102) = 2.55$，$p < 0.05$。

研究表明，泰语母语者区分这三组辅音对立的成绩没有受到目的语国二语学习时间（3～27 个月）的影响，在广州学习了 15 个月、27 个月汉语的学习者对辅音对立的区分水平没有表现出进步。泰语母语者对辅音对立的区分成绩受到辅音发音部位与后接元音的共同影响。当辅音对立 c－s、ch－sh 处在元音/a/前，学习者能很好地将 c 与 s、ch 与 sh 区分开，A′成绩都在 0.90 以上，出现了"天花板效应"，也就是说初学汉语 3 个月的学习者就能很好地区分，区分水平随着学习时间的增长没有再进步的空间。而当辅音对立 c－s、ch－sh 处在舌尖元音前时，区分成绩大幅度下降到了 0.5 左右。根据 A′成绩的评定标准，当 A′成绩为 0.5 或低于 0.5 时，表示被试对辅音对立的敏感度缺乏。这表明学习者对 c(i) 与 s(i)、ch(i) 与 sh(i) 差异的敏感度缺乏。学习者对 q－x 的区分在两种元音环境下都比较差，区分成绩介于 0.32 和 0.58 之间。虽然统计结果表明学习者对 q(i) －x(i) 的区分好于 q(u)－x(u)，但总的来看，学习者对 q 与 x 差异的敏感度缺乏。

5.4.3 泰语母语者对汉语 zh－ch 的知觉区分

研究分析了泰语母语者对 zh－ch 对立的变化测试和无变化测试的区分情况，以 A′成绩整体考察被试对辅音的敏感度，结果见表 5－6。

表 5－6 泰语母语者区分 zh－ch 的 A′成绩

目的语国二语学习时间	zh－ch（不送气—送气）	
	/a/熟悉	/ʅ/不熟悉
3 个月	0.95	0.78
15 个月	0.90	0.86
27 个月	0.93	0.82

实验采用重复一个因素的3（目的语国二语学习时间）×2（辅音后接元音）混合设计。自变量目的语国二语学习时间分为3个水平（3个月、15个月、27个月），自变量汉语辅音后接元音分为2个水平（/a/、/ʅ/）。目的语国二语学习时间为被试间变量，汉语辅音后接元音为被试内变量；因变量为A'成绩。

方差分析结果表明，目的语国二语学习时间主效应不显著，$F(2, 51) = 0.03$，$p > 0.05$；后接元音主效应非常显著，$F(1, 51) = 14.85$，$p < 0.001$，说明学习者对zh(ɑ)－ch（ɑ）的区分成绩好于zh(i)－ch(i)。目的语国二语学习时间和后接元音的交互作用不显著，$F(2, 51) = 1.91$，$p > 0.05$。

研究表明，泰语母语者区分zh－ch对立的成绩没有受到目的语国二语学习时间（3～27个月）的影响。学习者对zh(ɑ)－ch(ɑ)的区分非常好，对zh(i)－ch(i)的区分差于zh(ɑ)－ch(ɑ)。原因可以从知觉同化实验中找到。当后接元音为/a/时，zh与ch比较一致地被归入泰语不送气塞擦音、送气塞擦音两个范畴，学习者能为对立中的两个刺激产生两个不同的语音编码，从而很好地将二者区分开来。而当zh的后接元音为/ʅ/时，zh有15%的比例被判定为泰语送气塞擦音范畴，知觉归类上的“重叠”使区分成绩有所降低。总的来看，学习者对zh－ch的区分成绩介于0.78和0.95之间，能较好地将二者区分开来。从而也证明，参与本实验的泰语母语者都清楚范畴区分任务，能够产生工作记忆以确保范畴区分任务的完成。

5.5 分析讨论

5.5.1 泰语母语者对汉语塞擦音发音部位的知觉区分

研究考察了泰语母语者对汉语舌尖齿背、舌尖齿龈后塞擦音的区分情况。实验通过 z－zh 辅音对立考察了此问题，结果表明泰语母语者区分 z－zh 有较大困难，但也还具有一定的区分能力。泰语母语者区分 z－zh 困难的原因可以在知觉层面找到答案。从知觉同化实验的跨语言匹配结果可知，泰语母语者将汉语 z、zh 都知觉同化到同一个泰语范畴中，这就意味着学习者可能不会为 z－zh 中两个声音刺激产生不同语音编码，区分起来困难。但是学习者又不是完全不能区分两者，究其原因可能是知觉语音具有相似性。由于泰语母语者认为 z、zh 与泰语/tɕ/的知觉语音相似性存在差异，zh 比 z 更像泰语语音，这种差异是促使学习者产生一定区分能力的原因。研究没有考察 c－ch、s－sh 的区分，主要是考虑到实验疲劳效应，避免测试时间过长。我们预测，泰语母语者对 c－ch 的区分水平可能与 z－zh 接近，因为学习者同样也是将 c/ch 知觉同化到同一个泰语范畴中，但又觉察到了 c/ch 与泰语/$tɕ^h$/在知觉语音相似性上的差异。此外我们预测，泰语母语者对 s－sh 的区分水平可能也与 z－zh 接近，因为学习者同样也将 s/sh 都知觉同化为同一个泰语范畴，同时判定汉语 s 是泰语/s/的“好”样例，sh 不是泰语/s/的“好”样例。

5.5.2　泰语母语者对汉语送气塞擦音和擦音的知觉区分

研究考察了泰语母语者对相同发音部位的汉语送气塞擦音—擦音的区分情况。实验通过 c－s、ch－sh、q－x 辅音对立考察探究了此问题，结果表明，学习者在其不熟悉的舌尖元音环境下难以区分 c－s、ch－sh，而对 q－x 的区分则不管元音熟不熟悉都很困难。另外，从发音部位的角度来看，q(i)－x(i) 的区分难度大于 c(ɑ)－s(ɑ)、ch(ɑ)－sh(ɑ)，c(i)－s(i)、q(u)－x(u)的区分难度大于 ch(i)－sh(i)。

泰语母语者之所以能很容易地将 c(ɑ)－s(ɑ)、ch(ɑ)－sh(ɑ)区分开来，可以从知觉层面找到一些答案。从知觉同化实验跨语言匹配结果（见表 3－9）可知，当处在元音/a/前时，泰语母语者比较一致地把汉语 c 归入泰语送气塞擦音范畴，将汉语 s 归入泰语擦音范畴，学习者为 c(ɑ)－s(ɑ)声音刺激产生了两个语音编码，因此能很容易地将二者区分开。同样，当处在元音/a/前时，学习者也比较一致地将汉语 ch 归入泰语送气塞擦音范畴，将 75% 的 sh 归入了泰语擦音范畴，将 24% 的 sh 归入泰语送气塞擦音范畴。ch 和 sh 在跨语言范畴归类上存在重叠，但重叠部分较小，因此学习者也还是能很好地将 ch(ɑ)－sh(ɑ)区分开。

泰语母语者难以区分 c(i)－s(i)、ch(i)－sh(i)的原因也有一部分来自知觉。当处在元音/ɿ/前时，学习者将 c 较大比例（57%）地归入泰语擦音，汉语 s 也是归入泰语擦音，跨语言范畴归类上的较大重叠使学习者难以为 c(i)－s(i)声音刺激产生两个语音编码，难以区分两者。ch(i)－sh(i)难以区分也是基于同样的原因。泰语母语者区分 c(i)－s(i)、ch(i)－sh(i)存在困难的原因还有一部分可能是声学上的。在/tsʰɿ/、/tʂʰʅ/这样的音节里，由于元音和辅音几乎是同部位的，所以在送气段声道形状改变很小，同时由于在送气时声道收紧处缝隙仍然很小，结果送气气流造成的摩擦与前边摩擦段的摩擦在频谱上非常相似，以至于完全无法分开。此时它们与同部位的擦音，即/s/、/ʂ/的差别大大缩小，因为对于单念的孤立音节来说，闭塞间隙无任何特殊标记，而爆破段本身的冲直条也不是总能看得见的（吴宗济、林茂灿，1989）。这样一来，/tsʰɿ/、/tʂʰʅ/的爆破部分转瞬即逝，其后的摩擦段和送气段又与/s/、/ʂ/差别很小，导致泰语母语者难以将 c(i)－s(i)、ch(i)－sh(i)区分开。

泰语母语者对辅音对立 q－x 的区分，无论是在熟悉元音/i/前还是在不熟悉元音/y/前，学习者都区分得比较差，*A′*成绩介于 0.32 和 0.58 之间。从知觉层面来看，当汉语 x 处在/i/或/y/前时，学习者都将其较大比例（60%、77%，见表3-9）地纳入了泰语送气塞擦音范畴，从而与汉语q的范畴归类产生了较大重叠，学习者难以为q-x声音刺激产生两个语音编码，因此难以将q-x区分开。泰语母语者难以区分q(i)-x(i)的原因也有声学方面的。音节/tɕʰi/中，元音和辅音几乎也是同部位的，使得送气气流造成的摩擦与前边摩擦段的摩擦在频谱上非常相似，造成/tɕʰi/与同部位擦音/ɕ/差别大大缩小，不容易将两者区分开来。

将上述汉语舌尖齿背—舌尖齿龈后塞擦音、同发音部位送气塞擦音—擦音的区分结果综合来看，学习者习得汉语三组塞擦音/擦音时，难以区分的辅音对立有舌面前硬腭送气塞擦音—舌面前硬腭擦音、舌尖齿背送气塞擦音—舌尖齿背擦音（舌尖元音环境）、舌尖齿龈后送气塞擦音—舌尖齿龈后擦音（舌尖元音环境）、舌尖齿背不送气塞擦音（送气塞擦音/擦音）—舌尖齿龈后不送气塞擦音（送气塞擦音/擦音）。

5.5.3 元音环境在二语辅音知觉区分中的作用

元音环境在二语者（目的语国学习汉语3~27个月）知觉区分二语辅音对立中起了重要作用，熟悉元音有助于二语辅音对立区分。根据语音范畴的原型表征假说，二语者可以获得非母语语音范畴的原型，原型是从语音范畴的所有实例中抽象出的某种核心要素，二语者在区分非母语语音对立时会运用这些核心要素。这就意味着，不论汉语辅音对立出现在哪种元音环境下，二语者都会运用所形成的抽象原型来区分对立，因此区分不会受到语音环境的影响。本实验的结果与原型说不太一致，在目的语国学习汉语3~27个月的泰语母语者对汉语辅音对立的区分实际受到了元音环境的影响，主要表现在：区分c(ɑ)-s(ɑ)好于c(i)-s(i)，q(i)-x(i)好于q(u)-x(u)，ch(ɑ)-sh(ɑ)好于ch(i)-sh(i)，zh(ɑ)-ch(ɑ)好于zh(i)-ch(i)。泰语母语者在区分二语辅音对立时，表现出了一种音节加工策略，并且这种策略是在母语习得中形成的：对于其一语中有的“塞擦音/擦音＋舌面元音”组合，学习者比较容易区分，对于一语中没有的“塞擦音/擦音＋舌尖元音”组合，学习者比较难区分。对于本实验的结果，也许语音范畴的样例表征假说能够提供一定的解释。根据分类的样例观，二语者会将二语语音范畴多个维度的表征贮存在记忆中，选择性注意机制将衡量出各个维度的重要程度。对于范畴成员来说，比较关键的维度将得到较高的权重，而那些不重要的维度则得到较低的权重。选择性注意的变化将“伸展”或“压缩”这些维度的知觉空间，从而改变其内在范畴结构：当维度得到伸展时，物体之间变得不那么相似；当维度得到压缩时，物体之间变得更相似（Lively et al.，1993）。根据上述语音范畴的样例表征假说，泰语母语者也会将有关汉语辅音多个维度的表征贮存在记忆中，这其中包括辅音的不同后接元音。选择性注意比较容易投向那些学习者所熟悉的元音环境（即母语中也有的元音），从而使该元音环境下的知觉空间得到伸展，辅音之间的相似性减小，学习者比较容易将辅音对立区分开来。

关于语音环境的作用，还有两点需要注意：一方面，本实验没有考察汉语母语者对汉语辅音对立的区分情况，因此缺乏一个二语习得发展的参照标准。我们预期，汉语母语者对汉语辅音对立的区分可能不会受到后接元音的影响。另一方面，本实验只考察了在目的语国学习汉语3～27个月的泰语母语者。相对于整个二语习得过程来说，这只能算是习得前期阶段，因此实验结果无法推广到习得后期阶段。也许存在这样一种习得发展趋势，随着学习者二语经验增加、二语水平提高，到了习得后期阶段学习者在区分二语辅音对立时，可能逐步摆脱了语音环境（后接元音）的影响，逐步接近汉语母语者水平。

5.5.4 二语经验在二语辅音知觉区分中的作用

研究考察了二语经验（即目的语国二语学习时间）在泰语母语者汉语辅音对立区分中的作用。实验结果表明，目的语国二语学习时间在辅音对立 z－zh、c－s、q－x、ch－sh、zh－ch 的区分上主效应都不显著，在目的语国学习3个月、15个月、27个月的泰国被试在区分辅音对立的 A'成绩没有显著差异。本实验中的泰语母语者没有在汉语辅音上表现出知觉学习，有可能与目的语国二语学习时间限制有关。对于本实验结果的一种推论是，辅音知觉学习可能要到二语学习的后期阶段才表现出来，可能在二语学习的起始阶段表现不出来。因为 Flege 的言语学习模型主要是针对二语经验丰富的成年二语者提出来的，研究者所观察到的言语学习大都是在那些移居目的语国多年的移民身上发现的。Flege et al.（1995）所发现的在英语产出上正确性很高的日本成人都具有丰富的二语经验（目的语国平均居住时间21年）。Baker et al.（2002）也发现，在目的语国居住时间为9年的韩国成人知觉/ɑ/和/ʌ/的正确性达到了英语母语者水平（转引自 Tsukada et al.，2005）。Guion et al.（2000）的研究结果也与本实验相似，他们考察的日本成人在目的语国居住时间最长的为3年，被试在区分英语辅音对比/ɹ/－/l/、/s/－/θ/时没有受到二语经验的影响，该文指出言语学习模型可能不能扩展到那些二语经验相对较少的二语者行为上。Tsukada et al.（2005）在考察韩国成人知觉与产出英语元音的发展性研究中，也没有发现在目的语国居住3年与5年的韩国成人之间的显著差异，并且这两组被试在经过1年的学习后也没有表现出进步。综上所述，对于二语者来说，其二语经验到底要达到多少才能使其在二语行为上表现出进步是一个值得深入探讨的问题。这里的二语经验主要是通过目的语国居住时间、目的语国二语学习时间等指标来衡量。因此，在今后的研究中还需要更大范围地选择具有不同二语经验的二语者来考察此问题，也迫切需要采用纵向跟踪的研究方法来对横向研究的结果进行验证或修正。

5.5.5 二语辅音知觉研究对二语语音教学的启示

（1）泰语母语者在知觉与产出普通话三组塞擦音和擦音上存在困难，一部分原因是由他们所形成的汉泰辅音知觉关系造成的。因此，有条件的语音教学应充分引导学生知觉到汉泰塞擦音和擦音在发音部位、发音方法、后接元音上的差异，促使学习者形成相对正确的汉泰辅音知觉关系。

（2）在面向泰国学生的汉语语音教学中，需要针对学习者习得普通话塞擦音和擦音的困难根源来进行教学。学习者在知觉区分上的困难，主要是难以区分舌面送气塞擦音—舌面擦音、舌尖送气塞擦音—舌尖擦音（舌尖元音环境）、舌尖齿背—舌尖齿龈后等发音部位对比。学习者在产出上的困难主要是将汉语送气塞擦音与擦音相混淆、舌尖齿背—舌尖齿龈后发音部位难以分化。因此，教学上应针对上述困难进行训练，使学生掌握发音时舌尖碰不碰上齿背是分化舌尖齿背—舌尖齿龈后的关键。

5.5.6 二语辅音知觉的后续研究

本研究还存在着很多局限，主要有下述三个方面：

（1）跨语言辅音知觉关系中语音环境的考察还不够全面。研究只选择了汉语单音节进行考察，并且在单音节中也只考察了元音为单元音的语音环境。研究结果难以推广到汉语双音节、汉语句子、元音为二合元音或三合元音的语音环境中。

（2）研究主要是通过横向研究来对习得过程发展性进行考察，选择了在目的语国学习汉语3 个月、15 个月、27 个月的泰语母语者进行比较研究，与真正意义上的习得发展性研究尚有差距。

（3）整个研究未能设立一个汉语母语组作为参照组，如能为泰语母语者的汉语辅音对立区分设立汉语母语者作为参照标准可能会更好。

在本研究的基础上，我们认为许多问题还有待进一步探讨，是未来的研究方向：

（1）二语语音习得是一个比较长的过程，因此有必要对发展过程中的各个阶段，包括前期阶段、后期阶段逐一进行考察，探索二语者在各个阶段的语音知觉与产出行为特点，完善现有的二语语音习得模型。

（2）结合横向研究成果，对二语语音习得过程进行纵向跟踪研究，探索真正意义上的习得发展性。

（3）考察不同母语背景的二语者汉语语音习得过程，探索汉语作为第二语言语音习得的普遍性以及二语者母语音系对汉语语音习得的限制。

6　泰语母语者汉语塞擦音和擦音的产生研究

6.1　实验目的

本实验主要从发音层面探索泰语母语者习得汉语三组塞擦音、擦音范畴的过程。知觉实验结果表明，泰语只有一组塞擦音和擦音，汉语有三组塞擦音和擦音，泰语辅音范畴对汉语辅音范畴产生了一定的知觉同化作用。那么，在语音产出层面，泰语母语者又如何来加工汉语这三组音？语音产出是否也受到汉泰辅音知觉关联的影响？目的语国二语学习时间不同的泰语母语者在语音产出上是否存在语音学习并表现出了一定的进步？

实验具体考察下列四个问题：

（1）泰语母语者汉语舌面塞擦音的产出。目的语国二语学习时间、汉语舌面塞擦音发音方法、辅音后接元音是否影响泰语母语者产出汉语舌面前硬腭塞擦音？知觉实验的研究结果表明，泰语母语者判定汉语舌面前硬腭塞擦音 j/q 在元音/i/前时与泰语/tɕ/、/tɕʰ/的知觉语音相似性都很大，可以认为是泰语范畴的“好”样例，与泰语/tɕ/、/tɕʰ/基本相同。因此，泰语母语者在产出汉语辅音 j/q 时，可能受元音环境影响较大。也就是说，当后接元音是/i/时，学习者发 j/q 没有问题；当后接元音为泰语中没有的/y/时，学习者 j/q 发音有一定问题。此外，本实验还将考察：泰语母语者汉语习得过程中是否在 j/q 产出上表现出了进步？

泰语母语者在产出 j/q 时能否很好地发出送气与不送气？

（2）泰语母语者汉语舌尖塞擦音的产出。知觉语音相似性是否影响了泰语母语者产出舌尖齿背塞擦音、舌尖齿龈后塞擦音？知觉实验的研究结果表明，泰语母语者判定处在元音/a/前的汉语 zh 比 z 更像泰语/tɕ/，处在元音/a/前的汉语 ch 比 c 更像泰语/$tɕ^h$/，这意味着学习者在知觉上认为汉语舌尖齿龈后塞擦音与泰语塞擦音的知觉语音相似性大于汉语舌尖齿背塞擦音与泰语塞擦音的。那么，与一语辅音知觉语音相似性小的二语辅音是否可能在习得过程中学得更好呢？也就是说，汉语 zh/ch 是否比 z/c 在习得过程中学得更好呢？

（3）泰语母语者汉语擦音 s/sh/x 的产出。目的语国二语学习时间、汉语擦音发音部位、辅音后接元音是否影响泰语母语者产出汉语擦音？学习者能否在语音产出上将发音部位不同的汉语擦音 s/sh/x 区分开来？

6.2 实验方法

6.2.1 被试

泰语母语者 54 人，女 27 人，男 27 人，测试期间被试均在广州暨南大学华文学院学习汉语。根据被试在目的语国二语学习时间长短（广州学习汉语时间长短）将被试分为 3 组：3 个月、15 个月、27 个月。这三组被试在华文学院也相应地分处在三个年级：一年级、二年级、三年级。被试中华裔 32 人，非华裔 22 人。华裔被试中有 10 人不清楚自己的汉语方言，有 13 人的汉语方言为潮汕话，还有部分华裔的方言为客家话、粤语等。为避免汉语方言对被试普通话语音习得的影响，实验对华裔被试的汉语方言水平进行了控制，主要选择了完全不会汉语方言或汉语方言水平比较低的华裔，仅有 3 名华裔能说汉语方言的日常用语。另外，实验也将被试年龄控制在 18 ~24 岁（有 2 人 25 岁，1 人 27 岁）。被试听力正常，实验后付给少量报酬。被试的分组情况见表3 -7。

6.2.2 实验材料

声母为普通话 z/c/s、zh/ch/sh、j/q/x 的 CV 结构单音节，共 36 个。实验对辅音所在音节的声调进行了匹配，每个辅音所在的音节分别配阴平、阳平/上声两种声调，阳平/上声的选择由普通话声、韵、调配合规律决定，阳平作为第一选择，没有阳平的选上声。实验对辅音所在音节的元音也进行了匹配，z/c/s 和 zh/ch/sh 选择了后接元音/a/和/ɿ/、/ʅ/，j/q/x 选择了后接元音/i/和/y/。CV 结构单音节的具体声韵调搭配情况见表 3 -8。实验还选择了 24 个声母为 r/l/b/p/d/t 的 CV 结构单音节作为干扰项。目标项和干扰项合计 60 个，所有项目随机排序。

6.2.3 实验程序

录音工作在录音间进行，每个被试以朗读语速念一遍随机排序的所有项目。电脑录音采样频率 16 kHz，分辨率 16 bit。

研究采用 Pratt 语音分析软件对发音实验中得到的泰语母语者发音样本进行处理。将处理过的声音文件随机排列，由三位汉语母语者对发音样本进行评判。

6.2.4 测量指标

实验中塞擦音和擦音发音的测量指标采用了可懂度成绩。可懂度成绩的计分方法如下：用 Pratt 语音分析软件对发音实验中得到的泰语母语者发音样本进行处理。将处理过的声音文件随机排列，由三位汉语母语者对发音样本进行评判。如果汉语母语者的评判与发音目标一致，则学习者的发音判为正确并记为“1 分”，否则判为错误并记为“0 分”。例如，给汉语母语者听泰语母语者所发“ji”音，由汉语母语者来判定被试所发出的辅音“是 j”或“不是 j”，若判定为“是 j”则表明被试发音正确，记为“1 分”；若判定“不是 j”则表明被试发音错误，记为“0 分”。

6.3 实验结果

6.3.1 泰语母语者汉语舌面塞擦音的产生

6.3.1.1 泰语母语者汉语舌面塞擦音产生的可懂度分析

研究首先分析了在目的语国学习汉语 3 个月、15 个月、27 个月的三组泰语母语者产出汉语舌面前硬腭塞擦音的情况，结果见表 6－1。

表 6－1 泰语母语者汉语 j/q 发音的可懂度成绩

目的语国二语学习时间	汉语舌面前硬腭塞擦音			
	j（不送气）		q（送气）	
	元音/i/	元音/y/	元音/i/	元音/y/
3 个月	2.75	1.61	1.94	1.39
15 个月	3	1.97	2.28	1.78
27 个月	2.81	2.42	2.53	2.47

实验采用重复测量两个因素的 3（目的语国二语学习时间）×2（汉语舌面前硬腭塞擦音发音方法）×2（辅音后接元音）混合设计。自变量目的语国二语学习时间分为 3 个水平（3 个月、15

个月、27个月)，自变量汉语舌面前硬腭塞擦音发音方法分为2个水平（不送气、送气），自变量辅音后接元音分为两个水平(/i/、/y/)。目的语国二语学习时间为被试间变量，汉语舌面前硬腭塞擦音发音方法、后接元音为被试内变量；因变量为辅音发音的可懂度成绩。

方差分析结果表明，目的语国二语学习时间的主效应显著，$F(2, 51)=5.05$，$p<0.05$，说明在广州学习汉语时间为3个月、15个月、27个月的泰语母语者产出汉语舌面前硬腭塞擦音的可懂度成绩差异显著。多重比较表明，3个月与15个月、15个月与27个月差异不显著（$p>0.05$，$p>0.05$），3个月与27个月差异显著（$p<0.01$）。舌面前硬腭塞擦音发音方法的主效应显著，$F(1, 51)=11.14$，$p<0.01$，说明泰语母语者产出j的可懂度成绩好于q。后接元音的主效应非常显著，$F(1, 51)=26.76$，$p<0.001$，说明当后接元音为/i/时泰语母语者产出汉语j/q的可懂度成绩好于元音/y/环境下的。舌面前硬腭塞擦音发音方法与二语学习时间的交互作用不显著，$F(2, 51)=1.36$，$p>0.05$。后接元音与二语学习时间的交互作用显著，$F(2, 51)=2.75$，$p>0.05$。舌面前硬腭塞擦音发音方法与后接元音的交互作用显著，$F(1, 51)=8.2$，$p<0.01$。简单效应分析表明：当后接元音为/i/时，j、q产出的可懂度成绩差异显著，j好于q；当后接元音为/y/时，j、q产出的可懂度成绩差异不显著。舌面前硬腭塞擦音发音方法、后接元音、二语学习时间的交互作用不显著，$F(2, 51)=0.2$，$p>0.05$。

研究表明，泰语母语者汉语j/q的发音受到目的语国二语学习时间（3~27个月）影响，目的语国学习汉语27个月的学习者j/q产出的可懂度成绩好于3个月的。泰语母语者汉语j/q的产出受到了发音方法和后接元音的影响，j的发音好于q，j/q在元音/i/前的发音好于元音/y/前的。并且，发音方法和后接元音产生了交互作用，当j/q处在/i/前，j的可懂度成绩好于q；当j/q处在/y/前，两者在可懂度成绩上差异不显著。为什么j（i）的发音好于q（i）？研究将通过发音偏误形式的分析作进一步的探讨。

6.3.1.2 泰语母语者汉语舌面塞擦音产生的偏误分析

为了进一步考察泰语母语者汉语舌面前硬腭塞擦音的产出情况，研究对其产出错误率及其偏误形式进行了分析，结果见表6-2。因为分析的是偏误，所以对于那些错误次数少于3次的，研究将其看作是学习者偶尔产生的错误，不具有系统性而未纳入分析之列。评判发音错误的方法如下：3位汉语母语者对泰语母语者的发音样本进行评判，评判发音样本是否与发音目标一致。若有2人或2人以上判为“错”，则该发音样本判为“错”。例如，汉语母语者听泰语母语者所发“jī”音，汉语母语者判定被试所发出的辅音“是j”或“不是j”，若有2人或2人以上判定为“不是j”，则表明该辅音发音错误。研究使用国际音标转写辅音时，发现很多情况下学习者将辅音发错的同时也将后接元音发错，为了清楚地了解整个发音过程，转写也记录了元音。

表6-2 泰语母语者汉语j/q发音的错误率和主要偏误形式

辅音+元音环境	错误率	主要偏误形式（偏误个数）		
/tɕ/+/i/	2%			
/tɕ/+/y/	30%	/tsu/（12）	/tʂu/（12）	
/tɕʰ/+/i/	25%	/ɕi/（13）	/tɕi/（6）	
/tɕʰ/+/y/	34%	/ʂu/（13）	/ʃy/（10）	/ɕy/（7）

偏误分析表明，泰语母语者汉语j/q的错误发音与辅音后接元音有紧密联系。当j处在/i/前时，学习者基本上能正确地发出该音；当j处在/y/前时，错误率从之前的2%骤然上升到30%。

究其原因，泰语舌面不送气塞擦音跟/i/组合时，其音值与汉语/tɕi/非常接近，因此学习者可以用其母语音来发音，错误很少。泰语元音中没有/y/，学习者在发“ju”这个音节时有一定困难。“ju”的两种偏误形式/tsu/、/tʂu/也可以从跨语言知觉归类上找到答案。由于学习者将汉语 j 都比较一致地归类为泰语不送气塞擦音，泰语不送气塞擦音可以与/u/组合，但在实际音值上发音有变体：有的泰国人将其发成/tsu/，有的泰国人将其发成/tʂu/。因此，当他们发不出汉语“ju”时，便会用一语语音来替代。那么，在上述论述的基础上是否可以这样推断：泰语母语者发“ju”的困难主要来自元音/y/而非辅音/tɕ/?

泰语母语者发“qi”的错误率也达到了25%，这是个让人费解的问题。泰语舌面送气塞擦音同样也可以与/i/组合，其音值与汉语/tɕʰi/非常接近。因此，理论上泰语母语者发“qi”应该像发“ji”那样错误很少。可实际分析表明，学习者大部分错误是将“qi”发成了/ɕi/，将送气塞擦音发成了擦音。这个问题在“qu”的发音中更凸显，三种偏误形式/ʂu/、/ʃy/、/ɕy/的共同特征都是将送气塞擦音发成了擦音。这就意味着学习者在 q 的发音上存在着将送气塞擦音与擦音这两种方法相混淆的问题。混淆的原因是什么？我们似乎无法从知觉层面找到答案。泰语母语者在汉语 q 的知觉归类上都很一致地将其归类为泰语不送气塞擦音，也没有出现将 q 归类成擦音的情况，所以此问题还有待进一步探讨。

6.3.2 泰语母语者汉语舌尖塞擦音的产生

6.3.2.1 泰语母语者汉语舌尖塞擦音产生的可懂度分析

研究分析了在目的语国学习汉语3个月、15个月、27个月的三组泰语母语者产出汉语舌尖塞擦音的情况，结果见表6－3。

表 6－3 泰语母语者汉语 z/c、zh/ch 发音的可懂度成绩

目的语国二语学习时间	汉语舌尖塞擦音			
	z/c（舌尖齿背）		zh/ch（舌尖齿龈后）	
	z（不送气）	c（送气）	zh（不送气）	ch（送气）
3 个月	2.61	1.83	1.94	1.92
15 个月	2.54	2.14	2.08	1.67
27 个月	2.58	2.47	2.61	2.31

实验采用重复测量两个因素的 3（目的语国二语学习时间）×2（汉语舌尖塞擦音发音部位）×2（汉语舌尖塞擦音发音方法）混合设计。自变量目的语国二语学习时间分为 3 个水平（3 个月、15 个月、27 个月），自变量汉语舌尖塞擦音发音部位分为 2 个水平（舌尖齿背、舌尖齿龈后），自变量汉语舌尖塞擦音发音方法分为两个水平（不送气、送气）。目的语国二语学习时间为被试间变量，汉语舌尖塞擦音发音部位、汉语舌尖塞擦音发音方法为被试内变量。分析中匹配了舌尖塞擦音的后接元音，都选择了元音/a/。因变量为辅音发音的可懂度成绩。

方差分析结果表明，目的语国二语学习时间的主效应不显著，$F(2, 51) = 2.87$，$p > 0.05$，说明在广州学习汉语时间为 3 个月、15 个月、27 个月的泰语母语者产出汉语舌尖塞擦音的可懂度成绩差异不显著。舌尖塞擦音发音部位的主效应显著，$F(1, 51) = 6.82$，$p < 0.05$，说明泰语母语者产出舌尖齿背塞擦音的可懂度成绩好于舌尖齿龈后塞擦音。舌尖塞擦音发音方法的主效应非常显著，$F(1, 51) = 14.91$，$p < 0.001$，说明泰语母语者产出不送气舌尖塞擦音的可懂度成绩好于送气舌尖塞擦音。舌尖塞擦音发音部位与二语学习时间的交互作用不显著，$F(2, 51) = 1.18$，$p > 0.05$；舌尖塞擦音发音方法与二语学习时间的交互作用不显著，$F(2, 51) = 0.56$，$p > 0.05$。舌尖塞擦音发

音部位与发音方法的交互作用不显著，$F(1, 51) = 0.77$，$p > 0.05$。舌尖塞擦音发音部位、舌尖塞擦音发音方法、二语学习时间的交互作用不显著，$F(2, 51) = 1.95$，$p > 0.05$。

本研究表明，泰语母语者汉语 z/c/zh/ch 的发音没有受到目的语国二语学习时间（3～27 个月）的影响。泰语母语者汉语 z/c/zh/ch 的产出受到了发音部位的影响，z/c 的发音好于 zh/ch。另外，语音产出还受到了发音方法的影响，z/zh 的发音好于 c/ch。泰语母语者舌尖齿背音发得比舌尖齿龈后音好，原因可以从知觉语音相似性上找到答案。虽然学习者将汉语 z/zh、c/ch 按照发音方法分别知觉归类为泰语不送气塞擦音、送气塞擦音两个范畴，但是在融合范畴内部，二语各辅音与范畴典型样例在知觉距离上存在差异。在不送气塞擦音、送气塞擦音这两个融合范畴内部，泰语母语者认为舌尖齿龈后不送气塞擦音（zh）比舌尖齿背不送气塞擦音（z）、舌尖齿龈后送气塞擦音（ch）比舌尖齿背送气塞擦音（c）更接近范畴典型样例。汉语舌尖齿背音与泰语语音的知觉语音相似性小于汉语舌尖齿龈后音与泰语语音的，反而使学习者更容易辨明汉语舌尖齿背音与泰语语音的差异，从而在 z/c 的习得上表现得更好。那么，为什么泰语母语者的不送气音会发得比送气音好？研究将通过发音偏误形式的分析作进一步的探讨。

6.3.2.2　泰语母语者汉语舌尖塞擦音产生的偏误分析

为了更细致地了解泰语母语者产出汉语塞擦音的情况，探讨不送气塞擦音发音好于送气塞擦音的原因，研究进一步分析了泰语母语者塞擦音产出的错误率和主要偏误形式，结果见表 6－4。

表 6－4　泰语母语者汉语 z/c、zh/ch 发音的错误率和主要偏误形式

辅音＋元音环境	错误率	主要偏误形式（偏误个数）				
/ts/＋/a/	10%	介于/tsa/和/tʂa/之间(5)	/sa/(4)			
/ts/＋/ɿ/	17%	/tʂʅ/(12)				
/tʂ/＋/a/	25%	/tsa/(17)	/ʂa/、/ʃa/(5)			
/tʂ/＋/ʅ/	20%	/tsɿ/(12)				
/tsʰ/＋/a/	28%	介于/tsʰa/和/tʂʰa/之间(5)	/tʂʰa/(9)	/sa/(10)	/ʂa/(5)	
/tsʰ/＋/ɿ/	56%	/tʂʰʅ/(4)	介于/sɿ/和/ʂʅ/之间(8)	/sɿ/(13)	/ʂʅ/(21)	/si/(4)
/tʂʰ/＋/a/	32%	/tsʰa/(12)	/ʂa/(20)			
/tʂʰ/＋/ʅ/	38%	介于/sɿ/和/ʂʅ/之间(4)	/ʂʅ/(25)	/sɿ/(6)		

偏误分析表明，泰语母语者汉语舌尖塞擦音产出中 zɑ 的错误率最低（10%），ci 的错误率最高（56%）。从错误率的角度来看，c/ch 的错误率高于 z/zh，与可懂度分析的结果一致。

泰语母语者发汉语不送气塞擦音（z/zh）主要是发音部位接触点问题。z 的偏误是发音时接触点比汉语母语者靠后，靠后一点的发成了介于/ts/和/tʂ/之间的音，再靠后一点的则发成了汉语的/tʂ/。而 zh 的偏误表现则正好与 z 的相反，发音时接触点比汉语母语者靠前，靠前一点的发成了介于/ts/和/tʂ/之间的音，再靠前一点的则发成了汉语的/ts/。研究将产出 z、zh 偏误的泰国发音人进行了比较，结果表明 z 的偏误是由 11 名泰国发音人发出，zh 的偏误是由 16 名泰国发音人发出。这两群发音人除了其中有 2 名把 z 发成了 zh，把 zh 发成了 z，其余的要么就是把 z 发得靠后了，要么就是把 zh 发得靠前了。也就是说，实际上 z 与 zh 的偏误是由两群不同的泰国发音人产出的，出现 z 偏误的泰国发音人发汉语 zh 没有问题，而发 z 则发得靠后了；出现 zh 偏误的泰国发音人发汉语 z 没有问题，而发 zh 则发得靠前了。这就说明，这两群发音人在他们的汉语产出中没有形成 z 与 zh 的分化，他们只能正确地产出其中的一个。为什么有些泰国人发得好 z 发不好 zh，而有些泰国人发得好 zh 发不好 z？研究进一步分析了这两群泰国人的泰语不送气塞擦音发音，从中找到了答案。原来这两群泰国人在其母语不送气塞擦音发音中就已经存在变异，一部分人发泰语不送气塞擦音时接触点靠前一点，比较接近汉语 z，这部分人也正是发得好汉语 z 发不好汉语 zh 的；另一部分人发音时接触点靠后一点，比较接近汉语 zh，而这部分人也正是发得好汉语 zh 发不好汉语 z 的。

泰语母语者发汉语送气塞擦音（c/ch）的偏误归纳起来主要是两类：

（1）发音部位上的接触点问题，这与 z/zh 偏误的性质相同。泰语母语者发 c 的接触点比汉语母语者靠后，靠后一点的发成了介于/ts^h/和/$tʂ^h$/之间的音，再靠后一点的则发成了汉语的/$tʂ^h$/。而 ch 的偏误表现与 c 相反，发音接触点比汉语母语者靠前，靠前一点的发成了介于/ts^h/和//$tʂ^h$/之间的音，再靠前一点的则发成了汉语的/ts^h/。c/ch 的这类偏误主要出现在后接元音为/a/的语音环境下，当后接元音为舌尖元音时这类偏误很少。造成这类偏误的原因也是由于泰语中只有一个送气塞擦音，泰国人在发母语音时接触点前后的稍许移动并不造成意义的对立，因此有的泰国人发音时接触点靠前一点，有的靠后一点，有的居中。因此发汉语送气塞擦音时，泰语母语者无法在发音部位上由母语中的一个接触点分化为二语中的两个接触点。

（2）送气塞擦音发成了擦音，例如将 c/ch 发成了/s/、/ʂ/、介于/s/和/ʂ/之间的音。这类偏误在舌面元音和舌尖元音两种语音环境下都出现了，并且在舌尖元音环境下集中出现的是这类偏误。造成这类偏误的原因之一可能来自知觉。跨语言知觉同化结果表明，泰语母语者将 c（i）大部分都知觉归类为泰语擦音，因此学习者发音时也按照其知觉表征来加工 c（i）。但这一原因并不能解释 c(ɑ)、ch(ɑ)、ch(i)为什么也被错发成了擦音。泰语母语者在知觉 c(ɑ)、ch(ɑ)、ch(i)时都比较一致地将其归类为泰语送气塞擦音，并没有将其归类为擦音。因此，造成这类偏误的原因可能来自声学。齐士钤、张家騄（1982）的汉语普通话辅音音长分析结果表明，汉语擦音（f/h/x/sh/s）的音长与送气塞擦音（q/ch/c）的大体一致，这一声学上的共有特征造成泰语母语者将两者混淆。

另外，有关 c/ch 的偏误分析也表明，泰语母语者将汉语送气塞擦音发成不送气塞擦音的比例很小，这说明学习者 c/ch 发得比 z/zh 差的主要原因不在于混淆了不送气/送气，而是将送气塞擦音错发成了擦音。

6.3.3 泰语母语者汉语舌尖舌面擦音的产生

6.3.3.1 泰语母语者汉语舌尖舌面擦音产生的可懂度分析

研究分析了目的语国学习汉语 3 个月、15 个月、27 个月的三组泰语母语者产出汉语擦音的情况，结果见表 6－5。

表 6-5　泰语母语者汉语 s/x/sh 发音的可懂度成绩

目的语国二语学习时间	汉语擦音					
	s		x		sh	
	元音/a/	元音/ɿ/	元音/i/	元音/y/	元音/a/	元音/ʅ/
3 个月	2.72	2.36	2.03	1.67	1.39	2
15 个月	2.53	2.94	2.22	1.42	2.19	1.75
27 个月	2.86	2.81	2.47	1.81	2.28	2.19

实验采用重复测量两个因素的 3（目的语国二语学习时间）×3（汉语擦音发音部位）×2（辅音后接元音）混合设计。自变量目的语国二语学习时间分为 3 个水平（3 个月、15 个月、27 个月），自变量汉语擦音发音部位分为 3 个水平（舌尖齿背、舌面前硬腭、舌尖齿龈后），自变量辅音后接元音分为 2 个水平（熟悉、不熟悉）。s 的后接元音按熟悉、不熟悉分别选择了/a/、/ɿ/，x 的后接元音按熟悉、不熟悉分别选择了/i/、/y/，sh 的后接元音按熟悉、不熟悉选择了/a/、/ʅ/。目的语国二语学习时间为被试间变量，汉语擦音发音部位、后接元音为被试内变量。因变量为辅音发音的可懂度成绩。

方差分析结果表明，二语学习时间的主效应不显著，$F(2, 51) = 2.09$，$p > 0.05$，说明在广州学习汉语时间为 3 个月、15 个月、27 个月的泰语母语者产出汉语擦音的可懂度成绩差异不显著。擦音发音部位的主效应显著，$F(2, 102) = 20.25$，$p < 0.001$，说明泰语母语者产出 s、x、sh 的可懂度成绩差异非常显著。多重比较表明，s 与 x、s 与 sh 差异非常显著（$p < 0.001$，$p < 0.001$），x 与 sh 差异不显著（$p > 0.05$）。后接元音的主效应非常显著，$F(1, 51) = 7.6$，$p < 0.01$，说明当后接元音为熟悉

元音时，泰语母语者产出汉语 s/x/sh 的可懂度成绩好于不熟悉元音环境下的。擦音发音部位与二语学习时间的交互作用不显著，$F(4, 102) = 0.35$，$p > 0.05$。后接元音与二语学习时间的交互作用不显著，$F(2, 51) = 1.25$，$p > 0.05$。擦音发音部位与后接元音的交互作用非常显著，$F(2, 102) = 8.85$，$p < 0.001$。简单效应分析表明，s 在熟悉、不熟悉元音前的可懂度成绩差异不显著（$p > 0.05$）；x 在熟悉、不熟悉元音前的可懂度成绩差异显著（$p < 0.05$）；sh 在熟悉、不熟悉元音前的可懂度成绩差异不显著（$p > 0.05$）。擦音发音部位、元音熟悉性、二语学习时间的交互作用显著，$F(4, 102) = 4.95$，$p < 0.01$。

本研究表明，泰语母语者汉语 s/x/sh 的发音没有受到目的语国二语学习时间的影响，这也就是说，目的语国学习汉语 15 个月、27 个月的泰语母语者在 s/x/sh 的发音上没有表现出进步。泰语母语者汉语 s/x/sh 的产出受到了发音部位的影响，s 的发音好于 x 和 sh。泰语母语者汉语 s/x/sh 的产出还受到了后接元音的影响，处在熟悉元音前的擦音发音好于处在不熟悉元音前的。泰语母语者汉语 s 发得比较好，而 x 和 sh 发得差些，原因可以从知觉层面找到。跨语言知觉同化实验中，泰语母语者将汉语 s 比较一致地知觉归类为泰语/s/，并且评判两者的知觉语音相似性很大，这说明泰语母语者认为汉语 s 是泰语擦音范畴的“好”样例，可以认为它们相同，学习者只要用其母语音来发二语语音就可以了。汉语 x 和 sh 被泰语母语者知觉归类到了泰语送气塞擦音、擦音两个范畴中，并且知觉语音相似性也不是很大，这说明学习者认为汉语 x 和 sh 都不能看成是泰语辅音范畴的“好”样例。最后，泰语母语者汉语 s/x/sh 的产出还受到了发音部位与后接元音交互作用的影响，s(ɑ) 与 s(i) 发音没有显著差异，sh(ɑ) 与 sh(i) 发音没有显著差异，x(i) 的发音好于 x(u)。

6.3.3.2 泰语母语者汉语舌尖舌面擦音产生的偏误分析

为了更细致地了解泰语母语者产出汉语擦音的情况，研究进一步分析了擦音产出的错误率和主要偏误形式，结果见表6－6。

表6－6 泰语母语者汉语 s/x/sh 发音的错误率和主要偏误形式

辅音＋元音环境	错误率	主要偏误形式（偏误个数）		
/s/＋/a/	8%	/ʂa/(5)		
/s/＋/ɿ/	7%	/si/(4)		
/ɕ/＋/i/	32%	/si/(32)		
/ɕ/＋/y/	29%	/su/(21)	/ʂu/或/ʃu/(4)	/tɕ^{h}y/(4)
/ʂ/＋/a/	36%	/sa/(19)	/tʂ^{h}a/(12)	
/ʂ/＋/ʅ/	34%	/sɿ/(19)	/sɿ/与/ʂʅ/之间(5)	/tʂ^{h}ʅ/(7)

偏误分析表明，泰语母语者发 s 的错误率比较低，发 x 和 sh 的错误率都远高于 s。泰语擦音/s/与汉语 s 基本一致，因此即使泰语中没有舌尖前元音/ɿ/，但由辅音/s/带出同发音部位/ɿ/的语音加工对学习者来说还是比较容易学会。汉语 x 和 sh 的语音加工对泰语母语者来说则困难大些。x 的偏误主要是被错发成了/s/。泰语有/si/，泰语母语者主要使用泰语/si/来代替汉语/ɕi/。跨语言知觉同化结果也证明了这一点，处在元音/i/前的 x 有部分被知觉归类为泰语擦音/s/（见表3－10）。这种知觉上的等同也就造成了产出上的等同。当汉语 x 处在/y/前时，泰语母语者主要将其错发成了/su/，另外还有错发成了/ʂu/或/ʃu/。造成偏误的原因可能有两点：一是知觉上的等同归类。跨语言知觉同化结果（见表3－10）表明，处在元音/y/前的 x 有部分被泰语母语者知

觉归类为泰语擦音/s/。泰语/s/可以和元音/u/组合但不能与/y/组合，学习者可能就是用母语音节/su/来直接替代汉语/ɕy/。二是语音流变中的逆同化作用。由于学习者将汉语拼音符号 u 错发为/u/，语音流变中的逆同化作用造成辅音/ɕ/发音部位后移，变成了/ʂ/或/ʃ/。再来看 sh 的偏误，主要也是错发成了/s/，原因可归为知觉上的等同归类。sh 无论是在元音/a/前，还是在/ʅ/前，都被学习者较大比例地归类为泰语擦音/s/（见表 3 – 10）。最后，汉语 x 和 sh 还有一类偏误形式，就是被错发成了送气塞擦音，如/tɕ/、/tʂʰ/。由于泰语母语者知觉层面对送气塞擦音与擦音存在一定程度的混淆，这种混淆造成擦音产出上的偏误。

6.4　分析讨论

6.4.1　泰语母语者对汉语送气塞擦音和擦音的发音混淆

首先来看泰语母语者对汉语送气、不送气塞擦音的产出情况。汉泰语音对比分析表明，汉语和泰语中的塞擦音都是清音，且都以送气/不送气作为区别特征，构成意义上的对立。汉语的送气一般都比较强，送出的气流甚至能使阻碍部位产生轻微摩擦（林焘、王理嘉，1992：78）。泰语的送气塞擦音在发音时也有较强的气流送出（潘德鼎，2005：50）。从对比分析的结果可以预测，泰语母语者加工汉语塞擦音的送气、不送气这两个范畴时应该比较容易。为此，本研究进行了知觉层面的考察。跨语言知觉同化结果表明，泰语母语者都比较一致地将汉语不送气塞擦音等同归类到泰语不送气塞擦音范畴，将汉语送气塞擦音等同归类到泰语送气塞擦音范畴，这就在一定程度上说明学习者能在知觉层面将送气、不送气区分开。泰语母语者汉语塞擦音和擦音的知觉区分研究结果（见表 5 – 6）表明，泰语母语者区分 zh(ɑ) –

ch(ɑ)对比的A′成绩（平均值）达到了0.93，区分zh(i)－ch(i)对比的A′成绩（平均值）达到了0.82，说明泰语母语者对汉语zh、ch之间的差异有较强的敏感度，学习者能够比较好地将汉语的送气、不送气两个范畴区分开来。泰语母语者在知觉上区分汉语送气、不送气塞擦音没有问题，是否产出上也没有问题？本实验的语音产出结果表明，泰语母语者汉语不送气塞擦音产出的可懂度成绩好于送气塞擦音。进一步的偏误分析结果表明，泰语母语者之所以送气塞擦音发得比不送气塞擦音差，并不是将送气音发成了不送气音，而是将送气塞擦音错发成了擦音，q发成了/ç/、/ʂ/、/ʃ/，c发成了/s/、/ʂ/、介于/s/和/ʂ/之间的音，ch发成了/s/、/ʂ/、介于/s/和/ʂ/之间的音。由此可见，泰语母语者在语音产出上没有混淆送气与不送气，他们主要混淆的是送气塞擦音与擦音。

泰语母语者在语音产出上将汉语送气塞擦音与擦音相混淆，这种混淆是双向的，即将汉语送气塞擦音发成擦音，将擦音发成送气塞擦音，如q发成了/ç/、/ʂ/、/ʃ/，c、ch发成了/s/、/ʂ/、介于/s/和/ʂ/之间的音，x发成了/tɕʰ/，sh发成了/tʂʰ/。造成这一问题的原因可以在知觉层面找到一些答案。跨语言知觉同化实验结果表明，泰语母语者将汉语c、x、sh都归类到泰语送气塞擦音、擦音两个范畴，这在一定程度上说明学习者在知觉上将两个范畴混淆。泰语母语者对汉语辅音对立的知觉区分结果（见表5－5）表明，学习者区分c(i)－s(i)、ch(i)－sh(i)、q(i)－x(i)、q(u)－x(u)的A′成绩（平均值）都比较低，学习者对辅音对立的敏感度缺乏。因此，学习者在语音知觉层面的混淆造成了其在语音产出上的混淆。

6.4.2　知觉语音相似性在泰语母语者汉语辅音产生中的作用

言语学习模型提出，当几个二语音段相似于同一个一语音段时，知觉相似性越小的二语音段，二语者越能辨明其与一语音段之间的差异，将其学得更好。与一语音段知觉相似性越大的二语语音，二语者越难辨明其与一语音段的差异，可学性也相应减弱。本实验中 z/c、zh/ch 的语音产出结果正是验证了言语学习模型。泰语母语者产出汉语舌尖齿背塞擦音的可懂度成绩好于舌尖齿龈后塞擦音，因为泰语母语者将汉语舌尖齿背塞擦音、舌尖齿龈后塞擦音都等同归类为泰语舌面硬腭塞擦音，并且判定汉语舌尖齿龈后塞擦音比舌尖齿背塞擦音更像泰语语音，所以学习者在相似性小的舌尖齿背塞擦音上表现出了更强的可学性，语音产出更好。与此相反的是，本实验中 x/sh 的语音产出结果与言语学习模型不一致。泰语母语者将汉语 x/sh 都等同归类为泰语擦音/s/，并且判定汉语 sh 比 x 更像泰语/s/。根据言语学习模型作出的预测是，x 会比 sh 学得更好。但本实验结果表明，学习者产出汉语 x、sh 的可懂度成绩差异不显著。由此可见，二语者的二语音段产出行为也不一定能在言语学习模型中全部得到解释，二语音段产出行为还有待更广泛、更深入的研究。

6.4.3　元音环境和二语经验在泰语母语者汉语辅音产生中的作用

首先来看元音环境对泰语母语者语音产出的影响。本实验结果表明，当汉语塞擦音/擦音处在学习者所熟悉元音（一语中也有的元音）前，其语音产出的可懂度成绩更好。这就说明，元音熟悉性是影响二语辅音产出的一个因素，熟悉元音促进二语辅音产出，不熟悉元音阻碍二语辅音产出。这里的元音熟悉性是以二语元音是否存在于一语中为衡量标准，二语元音同时也存在于一语中，则该二语元音是学习者所熟悉的；二语元音不存在于一语中，则该二语元音是学习者所不熟悉的。另外实验中偏误分析的结果也表明，二语辅音产出错误一定程度上是由元音造成的。泰语母语者汉语 j 的偏误形式就是很好的例证（见表 6－2），学习者能很好地发出汉语 j（i）（错误率为 2%），可是在 j（u）的错误率上却达到了 30%。从 j（u）的偏误形式/tsu/、/ʈʂu/来看，学习者可能采用了一种音节加工策略。泰语中没有元音/y/，因此当辅音/tɕ/与/y/组合时，学习者就直接用一语语音中的音节来代替。

其次来看目的语国二语学习时间对泰语母语者语音产出的影响。本实验结果表明，仅在汉语舌面前硬腭塞擦音产出的可懂度上，27 个月的学习者好于 3 个月的学习者。舌尖齿背塞擦音、舌尖齿龈后塞擦音、擦音产出的可懂度上都没有表现出目的语国二语学习时间的效应。这说明，二语言语学习能力在某些二语辅音上表现出来，在某些二语辅音上没有表现出来。Flege et al.（1997）也指出，虽然实验证明二语言语学习能力在整个一生都保持完好，但是有关语音学习的证据也并不是从所有可能实例上可以获得。二语经验多的韩语母语者、西班牙语母语者在英语/i/－/ɪ/的产出正确性上并没有超过二语经验少的韩语母语音、西班牙语母语音，不论是二语经验多还是少的德语、汉语普通话母语者在英语/i/－/ɪ/产出上的时长差异都大于英语母语者。由此来看，探讨二语学习者的言语学习能力比较复杂，涉及二语元音和辅音本身的性质、二语语音与一语语音之间的知觉关系、一语音系系统、二语经验、二语者年龄、目的语国居住时间、目的语国学习时间等方面，并且这些因素所起的作用在二语学习的不同阶段（前期阶段、后期阶段）可能会有不同的表现。

6.4.4　泰语母语者汉语辅音知觉与产生的关系

关于泰语母语者汉语辅音知觉与产出的关系，泰语母语者汉语辅音知觉区分结果表明，泰语母语者区分汉语塞擦音的送气/不送气特征比较容易；区分塞擦音的发音部位有一定困难，但区分得也不是很差；最难区分的是发音部位相同的送气塞擦音—擦音对立。因此，知觉区分难度从大到小依次为：送气塞擦音—擦音对立 > 发音部位对立 > 送气/不送气对立。泰语母语者汉语辅音产出结果（见表 6 – 2、表 6 – 4、表 6 – 6）表明，泰语母语者产出汉语塞擦音/擦音的偏误形式中，混淆送气/不送气特征的偏误仅 4 例，混淆发音部位特征的偏误 272 例，混淆送气塞擦音与擦音的偏误 182 例。因此，发音偏误数量从大到小依次为：混淆发音部位偏误 > 混淆送气塞擦音与擦音偏误 > 混淆送气/不送气偏误。由于本研究没有进行单个汉语辅音的听辨实验，无法对辅音知觉与辅音产出进行相关分析，因此从本文的知觉与产出结果难以对二语辅音知觉与产出的关系作出明确判定。

关于二语知觉与产出的关系，得到普遍认同的是：两者关系复杂并且受到了二语者二语经验的影响。一些研究证明，二语习得也像一语习得那样，音段知觉发展“引领”着音段产出发展。即便一些研究得出了相反的结论，但正如 Tsukada et al.（2005）所指出的，断言“二语产出学习先于二语知觉学习”需要谨慎，因为还难以直接比较二语知觉、二语产出与母语者行为水平上的差距，并且用来评估二语音段知觉、产出的测试可能在难度上存在差异。有关这方面的探讨，还需要作进一步的后续研究。

7 日语母语者汉语舌尖齿龈后塞擦音和擦音的语音变异

7.1 实验目的[①]

汉语普通话中的舌尖齿龈后音是日语母语者语音习得中的难点。特别是在语音习得的初级阶段，日语母语者将 zh 、ch、sh 和 j、q、x 相混的情况比较严重。如把“杂志”发成“杂技”，把“流水”发成“流血”，把“老师”发成“老西”，把“迟到”发成“齐到”等。另外，日语母语者把“zh、ch、sh”发成“z、c、s”的现象也存在。如把“差错”发成“擦错”，把“摘花”发成“栽花”，把“社会”发成“色会”等。

针对这一问题，一些学者试图找出产生问题的原因和解决问题的办法。朱川（1981）从语音学的角度分析了日语母语者把普通话舌尖后音 zh 组发成舌面前音 j 组的原因。日语中没有舌面前音 j、q、x 和舌尖后音 zh、ch、sh，只有发音部位介于两者之间的舌叶音。由于舌叶部位介于舌尖、舌面之间，所以舌叶音与舌尖音、舌面前音都有相似之处。舌叶音的“中介”，使日本学生觉得汉语的舌尖后音与舌面前音很相近，又由于受母语发音习惯的影响，他们往往把这两组音都发成类似舌叶音。尹润芗

---

① 本实验主要内容以《日本学习者习得普通话卷舌声母的语音变异研究》为题发表于《世界汉语教学》2005 年第 1 期。

(1985)、侯精一(1991)、杜君燕(1995)、余维(1995)、何平(1997)和王志芳(1999)都从日汉语音对比的角度考察了这一问题，并提出了相应的教学方法。朱川(1997)从语音学的角度分析了舌尖前音和舌尖后音的差别，指出翘舌与不翘舌并不是这两组音的主要差别，它们的本质区别是舌腭接触位置的前后。发音时舌尖碰不碰上齿背，是区分 z 组和 zh 组的关键。舌尖与上齿背相碰就成了 z 组，舌尖不碰上齿背就是 zh 组。日语中有/ts/、/s/，日语母语者在发普通话舌尖后音时由于受到母语迁移的影响，把 zh 组音发成了 z 组音。以上研究基本上把日语母语者发普通话舌尖后音时存在的问题归结为三点：①把舌尖后音 zh 组发成了舌尖前音 z 组；②把舌尖后音 zh 组发成了舌面前音 j 组；③把舌尖后音 zh 组发成了日语中的舌叶音。

从日语母语者习得普通话舌尖后音的研究回顾中可以看到，这些研究基本上是在对比分析的理论框架下将学习者的母语语音系统和目的语的语音系统进行比较。这种对比存在两点不足：

(1) 音系对比把学习者习得普通话舌尖后音的过程简单化。日语母语者将“zh、ch、sh”发成“j、q、x”，表面上看起来，这两组辅音的混淆存在一种简单的对应关系。但从我们对日语母语者习得舌尖齿龈后音进行的小规模探测性观察发现，日语母语者习得舌尖齿龈后音所造成的混淆并不完全是整齐划一的。日语母语者在发“zh、ch、sh”时存在着大量的不对应现象：①将“zh”发成“ch、j、q、z”、舌叶音和“zh”本身；②将“ch”发成“zh、j、q、z”、舌叶音和“ch”本身；③将“sh”发成“zh、ch、j、x”、舌叶音和“sh”本身。很显然，对比分析可能忽略了日语母语者习得普通话舌尖齿龈后音时出现的语音变异现象。

(2) 音系对比可能难以全面解释日语母语者习得普通话舌尖齿龈后音的语音变异现象。国外第二语言习得研究表明，第二语言学习者在语音习得过程中，存在着语音变异现象。

但是从相关的文献中也可以看到，第二语言习得中有关语言变异、语音变异的研究主要集中在以英语为第二语言的习得上，而对以汉语为第二语言的习得关注较少。本研究试图对日语母语者习得普通话舌尖齿龈后音的语音变异现象作深入细致的考察，需要进一步讨论的是：

（1）日语母语者习得普通话舌尖齿龈后塞擦音和擦音的语音变异是否受到上下文语境的影响？本研究要考察的上下文语境包括舌尖后音的后接元音和声调两部分。“后接元音”根据舌尖齿龈后音后接的第一个元音分成四类：/i/、/u/、/e/、/a/。之所以这样分类是考虑到，作为声母的辅音的发音主要是受到后接第一个元音的影响。王理嘉（1991：104）将北京话的元音音位按照舌位的高低分为高元音、中元音、低元音 3 组。本研究按照此标准将舌尖后元音/ʅ /取其拼音形式归为/i/类，选择另一高元音/u/单独作为/u/类。/e/类主要选择了中元音/ɤ/，由于要匹配两种情景语境中的音节，故还选择了/ʌ/。/a/类中主要选择了/A/，由于要匹配两种情景语境中的音节，故还选择了/ɑ/和/a/。声调则按四声也分成了四类。

（2）日语母语者习得普通话舌尖齿龈后塞擦音和擦音的语音变异是否受到情景语境的影响？情景语境包括朗读词表和朗读句子两部分。选择这两种情景语境是根据学习者对语言形式的注意程度不同来划分的。朗读词表时，学习者的注意主要集中在语言形式上，对舌尖后音的发音注意较多。朗读句子时，学习者的注意分配到理解句子意义、流利朗读句子等方面，对语言形式的注意减少，对舌尖后音的发音注意较少。

（3）如果语音变异具有非系统性，这种自由变异是如何动态发展的？通过本研究有关问题的讨论，可以了解日语母语者汉语语音习得的动态发展过程，为第二语言习得理论提供一些新的实证材料；同时也可以为普通话语音教学、日语母语者的普通话辅音教学提供参考。

本试验预期假设是：日语母语者习得普通话舌尖齿龈后塞擦音和擦音的语音变异受到上下文语境影响，也受到情景语境的影响。日语母语者习得普通话舌尖齿龈后音的过程是一个动态的发展过程，这个过程表现为在不同的发展阶段，学习者舌尖齿龈后音自由变体隐现的方式和程度不同。

7.2　实验方法

7.2.1　被试

同一汉语水平日语母语者 15 人，男 5 人，女 10 人。本实验选择了零加级、初级、中级三种不同汉语水平的被试各 15 名分别予以考察。“零加级汉语水平”学习者到本实验测试时学习了四个月左右汉语；“初级汉语水平”学习者学习汉语时间在一年左右；“中级汉语水平”学习者学习汉语时间为一年半至两年。

7.2.2　实验材料

实验材料包括两个部分，第一部分为词表（表 7－1），48 个声母为 zh、ch、sh 的单音节。实验中单音随机排列。

表 7－1　实验材料 1——词表

zhī	zhí	zhǐ	zhì	zhū	zhú	zhǔ	zhù	zhān	zháo	zhǎn	zhào
zhōu	zhé	zhěng	zhè	chī	chí	chǐ	chì	chū	chú	chǔ	chù
chā	chá	chǎo	chà	chē	chéng	chě	chè	shī	shí	shǐ	shì
shū	shú	shǔ	shù	shā	sháo	shǎo	shào	shēn	shé	shǒu	shè

实验材料的第二个部分为句子（表 7－2），25 个有意义的句子。将词表中 48 个单音节分别插入这 25 个有意义的汉语句子中。[①] 句子以拼音和汉字两种形式同时呈现。实验中句子随机排列。

表 7－2　实验材料 2——句子

1. 小扯很怕蛇。	2. 他不会使用计算机。
3. 我们一起出去喝茶吧。	4. 饭已经熟了。
5. 别把照片贴在这里。	6. 少数人不喜欢吃猪肉。
7. 这只鸟的翅膀是白色的。	8. 他主要买的是英文书。
9. 他的房间一直都很整齐。	10. 公园里处处都是竹子。
11. 他们两个人彻底分手了。	12. 他大学学的是哲学专业。
13. 王老师家新买了一个沙发。	14. 我不知道这件衣服的尺寸。
15. 他少年时代的生活很幸福。	16. 很多外国人不了解中国社会的实际情况。
17. 小马在海边的城市照了很多相。	18. 至少有十个朋友要来参加我的生日晚会。
19. 请数一数有几个人没有来开会。	20. 周老师不知道北京火车站在什么地方。
21. 他上课又迟到了，老师一定会处分他。	22. 我们差不多每天都要上课，除了星期五。
23. 吃中国菜不需要用叉子，有时要用勺子。	24. 他没有和父母住在一起，因为他们常常吵架。
25. 直到昨天，我们才知道去参观展览的时间，大家都很着急。	

① 朗读句子中的词汇主要选择《汉语水平词汇与汉字等级大纲》中的甲级词，少数为乙级词。

7.2.3 实验程序

被试先朗读句子，然后朗读词表。录音工作在实验室内进行。

7.2.4 测量指标

因变量测量指标：日语母语者舌尖齿龈后塞擦音和擦音的发音得分。将被试发音随机排列，请3名汉语母语者作为评判者，听音并用普通话辅音来记录所听到的单音节声母。评判者所记音与实验材料相符则记为1分，否则记为0分。被试舌尖齿龈后音的发音得分为3名评判者记分之和。例如，被试发实验材料中的“zhī”，若评判者中有2人记为“zh”，1人记为“z”，则该被试该发音得分为2分。

7.3 实验结果

7.3.1 语言语境在语音变异中的作用

实验设计：两因素4×4被试内设计。因素1为舌尖齿龈后塞擦音和擦音的后接元音，分为/i/、/u/、/e/、/a/四个水平；因素2为声调，分为四个水平，即普通话四个声调。

零加级汉语水平日语母语者：①zh发音受到后接元音影响[$F(3, 42)=2.876$，$p<0.05$]，多重检验结果表明/i/组和/e/组差异显著。sh发音受到后接元音影响[$F(3, 42)=3.014$，$p<0.05$]，多重检验结果表明/i/组和/e/组、/a/组和/e/组差异显著。zh（$p>0.826$）、sh（$p>0.312$）发音都没受到声调影响。②ch发音受到后接元音影响[$F(3, 42)=9.506$，$p<0.001$]，多重检验结果表明/i/组和/e/组、/i/组和/a/组、/u/组和/e/

组、/u/组和/a/组差异显著；ch 发音也受到声调影响［F（3，42）=3.455，$p<0.05$］，多重检验结果表明阳平和去声差异显著。后接元音和声调交互作用不显著（$p>0.491$）。

初级汉语水平日语母语者：①zh（$p>0.22$）、sh（$p>0.54$）发音均没受到后接元音影响，zh（$p>0.243$）、sh（$p>0.297$）发音均没受到声调影响。②ch 发音受到后接元音影响［F（3，42）=16.691，$p<0.001$］，多重检验结果表明/i/组和/e/组、/i/组和/a/组、/u/组和/e/组、/u/组和/a/组差异显著；ch 发音也受到声调影响［F（3，42）=3.358，$p<0.05$］。多重检验结果表明阴平和去声差异显著。后接元音和声调交互作用不显著（$p>0.084$）。

中级汉语水平日语母语者：①zh（$p>0.556$）、sh（$p>0.79$）发音均没受到后接元音影响，zh（$p>0.105$）、sh（$p>0.323$）发音均没受到声调影响。②ch 发音受到后接元音影响［F（3，42）=8.403，$p<0.001$］，多重检验结果表明/i/组和/u/组、/i/组和/e/组、/i/组和/a/组差异显著；ch 发音没受到声调影响（$p>0.565$）。后接元音和声调交互作用不显著（$p>0.34$）。

7.3.2 情景语境在语音变异中的作用

实验设计：3×2×3 重复测量两个因素的混合实验设计。被试间因素为汉语水平，分为零加级、初级、中级。被试内因素 1 为情景语境，分为朗读词表和朗读句子；被试内因素 2 为卷舌声母发音方法，分为不送气清塞擦音和送气清塞擦音、擦音。

汉语水平［F（2，42）=4.812，$p<0.05$］、情景语境［F（1,42）=59.933，$p<0.001$］、发音方法［F（2.84）=48.51，$p<0.001$］三者的主效应均显著，汉语水平和情景语境的交互作用不显著（p>0.121），汉语水平和发音方法的交互作用不显著（$p>0.373$），情景语境和发音方法的交互作用显著

[F (2, 84) = 13.917, $p < 0.001$]，汉语水平 × 情景语境 × 发音方法的交互作用显著 [F (4, 84) = 2.613, $p < 0.05$]。对情景语境和发音方法交互作用的简单效应分析表明，情景语境因素表现在 zh [F (1, 42) = 61.48, $p < 0.001$] 和 sh [F (1, 42) = 67.66, $p < 0.001$] 上。对三重交互作用的简单效应分析表明，三个水平的学习者其情景语境因素都表现在 zh、sh 上，朗读词表中 zh、sh 的发音比朗读句子中 zh、sh 的发音要好。

7.4 分析讨论

7.4.1 语言语境在日语母语者汉语舌尖齿龈后音变异中的作用

有关语言语境对日语母语者舌尖齿龈后塞擦音和擦音语音变异影响的统计结果表明，日语母语者舌尖齿龈后塞擦音和擦音发音在一定程度上受到语言语境影响。为进一步了解这种影响，本文将学习者发音偏误做了语音转写。[①] 将方差分析结果与语音转写中的发音偏误结合起来分析，日语母语者舌尖齿龈后塞擦音和擦音语音变异受语言语境影响主要表现在三个方面：

（1）零加级汉语水平学习者 zh、ch、sh 语音变异受到后接元音影响。当后接元音为/i/类时，舌尖齿龈后塞擦音和擦音发音得分低，发音偏误多。语音转写（见表 7－3）表明后接元音为/i/

---

① 本文对学习者卷舌声母发音偏误做了语音转写。3 名以汉语为母语者作为评判者，听音并用普通话辅音记录所听到的单音节声母。3 名评判者中有 2 名或 2 名以上所记音与实验材料相符，则该音被判为发对，否则被判为发错。本研究以母语者的可接受性为评判标准。母语者在听音后如果能用普通话辅音标记出来，说明母语者可以接受这个音；对于那些母语者无法标记的辅音，则可认为这些音不存在于普通话辅音系统中，评判为发错的音（发音偏误），则做了语音转写。

类时，学习者将舌尖齿龈后塞擦音和擦音发成舌面前音、舌叶音比例较大，如将 zh 发成/tɕ/、/tʃ/，将 ch 发成/tʃ/、/tɕ/、/tɕ^h/，将 sh 发成/tʃ^h/、/tɕ/、/ʃ/。这可以从两方面来解释：①母语音系系统负迁移。朱川（1981）指出日语舌叶音、普通话舌尖后音和舌面前音的发音部位接近，而日语舌叶音和普通话舌面前音的发音部位更接近。因此，母语音系系统负迁移导致学习者把舌尖齿龈后塞擦音和擦音发成日语舌叶音、普通话舌面前音。②目的语音系认知上的混淆和语音产出的同化作用。汉语拼音方案用 i 代表三个不同元音/i/、/ɿ/、/ʅ/。汉语拼音符号的干扰使学习者常将卷舌声母后接元音/ʅ/误认为/i/。这样就出现了以下音位组合：/tʂʅ、tʂ^{h}ʅ、ʂʅ/、/tʂi、tʂ^{h}i、ʂi/。学习者在进行音系识别的感知时，将/tʂʅ、tʂ^{h}ʅ、ʂʅ/和/tʂi、tʂ^{h}i、ʂi/视为相同。目的语音系认知上的混淆导致学习者在语音产出时常将/tʂʅ、tʂ^{h}ʅ、ʂʅ/发成/tʂi、tʂ^{h}i、ʂi/。而当 zh、ch、sh 与舌面前高元音/i/相接时，由于前高元音是舌面接近上颚的前元音，常会把舌尖后音同化为舌面前音或舌叶音，这是逆同化作用（罗常培、王均，2002：176－177）。

表 7－3　朗读词表情景语境中，零加级汉语水平日语母语者 zh/ch/sh 发音偏误比例①　　单位（%）

偏误	后接元音/i/类			后接元音/u/类			后接元音/e/类			后接元音/a/类		
	zh	ch	sh	zh	ch	sh	zh	ch	sh	zh	ch	sh
/ts/	1.7				1.7		1.7	1.7		5		
/ts^h/										1.7		

① /tʂ̄/表示学习者实际发出的，发音部位比/tʂ/靠前，接近/tʃ/的音。/tɕ̄/表示学习者实际发出的，发音部位比/tɕ/靠前，接近/tʃ/的音。/tʂʻ/表示轻微送气。

（续上表）

偏误	后接元音/i/类			后接元音/u/类			后接元音/e/类			后接元音/a/类		
	zh	ch	sh	zh	ch	sh	zh	ch	sh	zh	ch	sh
/tʂ/		18.3			36.7	3.4		20			13.3	
/tʂ^h/						1.7						1.7
/tʂ‘/			1.7		1.7			1.7				
/tʃ/	8.3	15			5			3.4		3.4	11.7	
/tʃ^h/			10	3.4	1.7	1.7	1.7				1.7	5
/ʃ/			3.4									1.7
/tɕ/	10	10	8.3	1.7	3.4		1.7	1.7	1.7	1.7		
/dʑ/	1.7			1.7								
/tɕ^h/	5	5										
/tʂ$^-$/	1.7	8.3			10		1.7	10			1.7	
/tɕ$^-$/		1.7										

（2）零加级、初级、中级汉语水平学习者 ch 发音均受到后接元音的影响。后接元音为/i/类、/u/类时，ch 发音得分低。语音转写（见表7－4）表明当后接元音为/i/类、/u/类时，学习者将 ch 发成不送气音比例较大。这主要是由两方面原因造成：①日语中送气与否不构成音位对立，且汉语送气音比日语送气音强而长（朱川，1981；李怀墉，1996：65）。由于母语负迁移的影响，学习者将普通话送气音发成不送气音或者送气送得比较弱。②在日语“タ”行音中，舌叶清塞擦音/tʃ/只和前高元音/i/相拼，舌尖清塞擦音/ts/只和后高元音/ɯ/相拼。而日语清塞擦音/tʃ/、/ts/送气与否有较大任意性，且因人而异（李怀墉，1996：31、59）。因此，当普通话 ch 的后接元音为高元音/i/类、/u/类时，

日语母语者将 ch 发成不送气比例较大。另一方面，在日语“タ”行音中，出现在中、低元音/a/、/o/前的辅音为清塞音/t/，而日语清塞音通常在词头送气（李怀墉，1996：64）。因此，当 ch 的后接元音为中、低元音/o/类和/a/类时，学习者将 ch 发成不送气音比例相对较少。

表 7－4　朗读词表情景语境中，日语母语者 ch 发音偏误比例

单位:%

偏误 后接元音	/ts/	/tsʰ/	/tʂ/	/tʂʰ/	/ʂ/	/tʃ/	/tʃʰ/	/ʃ/	/tɕ/	/tɕʰ/	/ɕ/	/tʂ˭/	/tɕ˭/
/i/类			18.9	0.5	1.7	8.9	2.2	0.5	6.7	7.8		3.9	0.5
/u/类	1.1		28.3	0.5		6.7	1.1		1.7		0.5	4.4	
/e/类	0.5	1.1	15.6	0.5		1.1	2.2		0.5			3.9	
/a/类			7.2			5	1.7					1.7	

（3）零加级、初级汉语水平学习者 ch 发音受到声调的影响。在去声的语言语境中，ch 发音得分低，学习者将 ch 发成不送气音比例较大。造成此结果的原因较复杂，有待进一步研究。

7.4.2　情景语境在日语母语者汉语舌尖齿龈后音变异中的作用

方差分析结果说明，学习者语音变异在一定程度上受到情景语境的影响。为进一步了解这种影响，本研究以语音转写为依据考察了语音变体在两种情景语境中的分布。将方差分析结果与语音变体分布结合起来分析，学习者舌尖齿龈后塞擦音和擦音语音变异受情景语境的影响主要表现在以下两个方面：

（1）日语母语者 zh、sh 发音受到情景语境影响，zh、sh 在朗读词表中的发音比在朗读句子中的好。zh、sh 在两种情景语境中的变体分布（见表 7-5）说明朗读词表中 zh、sh 的标准变体[①]所占比例远多于在朗读句子中的，朗读词表时 zh 和 sh 的中介语语音受到更多目的语标准形式渗透。这可以用拉波夫（2001：462）的“话语注意”（attention to speech）模式来解释，话语注意是导致与任务相关的中介语变异的主要原因。本研究的词表均以单音节拼音形式出现，声母都是卷舌声母，没有插入干扰项目，目的就是引导被试将注意力集中在语音产出，尤其是舌尖齿龈后塞擦音和擦音的发音上。被试对语音产出监控较好，中介语语音更接近目的语语音标准。而研究中所用的句子材料则为有意义的单句，以拼音和汉字两种形式同时呈现，声母为卷舌声母的单音节无规则地插在句子中。被试不明确任务目的，注意被分配到理解句子意义、流利朗读等方面，对发音监控减弱，导致中介语语音远离目的语语音标准。

比较两种情景语境中的语音变体分布（见表 7-5）还发现，朗读句子中来自目的语的非标准变体所占比例远高于朗读词表中的。这说明学习者对语音产出监控减弱时，中介语语音除了受到更多母语渗透，还受到更多目的语非标准变体渗透。这可作为对“中介语风格连续体”的补充。在考察目的语对中介语的渗透时，应该把来自目的语的标准变体和非标准变体这两种形式分开来考察，因为这两种形式渗透方向不同，来自目的语的标准变体主要向严谨体方向渗透，来自目的语的非标准变体主要向随便体方向渗透。

---

① “标准变体”指学习者发出的与目的语语音相符的变体，例如要求学习者发 zh，若其实际发音为 zh，则此变体为标准变体。“非标准变体”指学习者发出的与目的语语音不符的变体，例如要求学习者发 zh，若其实际发音为/tɕ/、/tʃ/、/ts/，则这些变体为非标准变体。

表 7－5　朗读词表、朗读句子两种情景语境中，日语母语者 zh/sh 变体个数和比例

			标准变体	非标准变体		
				来自目的语	来自母语	中介语中新产生
零加级汉语水平	zh	朗读词表	210（87.5%）	15（6.25%）	7（2.92%）	8（3.33%）
		朗读句子	102（42.5%）	71（29.58%）	45（18.75%）	22（9.17%）
	sh	朗读词表	216（90%）	10（4.17%）	3（1.25%）	11（4.58%）
		朗读句子	83（34.58%）	69（28.75%）	40（16.67%）	48（20%）
初级汉语水平	zh	朗读词表	224（93.33%）	3（1.25%）	7（2.92%）	6（2.5%）
		朗读句子	157（65.42%）	38（15.83%）	25（10.42%）	20（8.33%）
	sh	朗读词表	232（96.67%）	3（1.25%）	2（0.83%）	3（1.25%）
		朗读句子	157（65.42%）	35（14.58%）	20（8.33%）	28（11.67%）
中级汉语水平	zh	朗读词表	229（95.42%）	4（1.67%）	4（1.67%）	3（1.25%）
		朗读句子	163（67.92%）	30（12.5%）	21（8.75%）	26（10.83%）

（续上表）

			标准变体	非标准变体		
				来自目的语	来自母语	中介语中新产生
中级汉语水平	sh	朗读词表	230 （95.83%）	2 （0.83%）	6 （2.5%）	2 （0.83%）
		朗读句子	151 （62.92%）	34 （14.17%）	30 （12.5%）	25 （10.42%）

（2）日语母语者 ch 发音没受到情景语境影响。ch 在两种情景语境中的变体分布（见表 7－6）说明，朗读词表中 ch 的标准变体所占比例跟朗读句子中的相差不大。Sato's（1985）[①] 指出，并不是所有的第二语言特征都会受到情景语境影响，决定因素之一为语言难度。对于语言难度较大的特征，学习者无法在不同任务中调整其运用。本研究结果说明，日语母语者习得 ch 的难度等级高于 zh、sh。由于送气问题是日语母语者汉语语音习得的难点（朱川，1981），ch 语言难度较大，学习者即使在监控较好的情景语境中仍无法很好运用。以上语言语境、情景语境研究都表明，ch 是贯穿日语母语者语音习得始终的问题，及至中级汉语水平阶段，母语负迁移对语音习得仍有很大影响。

① 参见 Ellis，R. *The Study of Second Language Acquisition.* Oxford：Oxford University Press，1994.（［美］R. 埃利斯：《第二语言习得研究》，上海：上海外语教育出版社，1999 年引进版。）

表 7－6　朗读词表、朗读句子两种情景语境中，日语母语者 ch 变体个数和比例

			标准变体	非标准变体		
				来自目的语	来自母语	中介语中新产生
零加级汉语水平	ch	朗读词表	134（55.83%）	67（27.92%）	21（8.75%）	18（7.5%）
		朗读句子	106（44.17%）	81（33.75%）	30（12.5%）	23（9.58%）
初级汉语水平	ch	朗读词表	150（62.5%）	69（28.75%）	11（4.58%）	10（4.17%）
		朗读句子	144（60%）	55（22.92%）	22（9.17%）	19（7.92%）
中级汉语水平	ch	朗读词表	192（80%）	29（12.08%）	8（3.33%）	11（4.58%）
		朗读句子	145（60.42%）	40（16.67%）	32（13.33%）	23（9.58%）

7.4.3　日语母语者习得汉语舌尖齿龈后塞擦音和擦音的动态发展过程

日语母语者舌尖齿龈后塞擦音和擦音的语音变异受到语言语境和情景语境的影响，具有一定的系统性；但同时也存在一定的非系统性。学习者在同一语言语境、情景语境中交替使用多个变体，例如将 zh 发成/ts/、/tʃ/、/tʃ^{h}/、/tɕ/、/tʂ$^{-}$/等，将 ch 发成/tʃ/、/tʃ^{h}/、/tɕ/、/tɕ^{h}/等，将 sh 发成/tʃ^{h}/、/ʃ/、/tɕ/等，这是自由变异的表现，是学习者中介语语音不稳定的表现。用 Gatbonton（1978）的扩散模式可以考察出学习者习得的动态发展过程：

（1）随着学习者汉语水平提高，自由变体种类呈减少趋势，同一类变体数量也呈减少趋势。例如，zh 的变体种类逐步减少：8 种（零加级）→ 7 种（初级）→ 5 种（中级）；zh 的四个变体/tɕ/、/tʃ/、/tʃʰ/、/tʂ̹⁻/的数量也都随着学习者汉语水平提高而减少。

（2）舌尖前音这一大类变体在中级阶段消失，表明中级阶段的学习者基本上将舌尖后音和舌尖前音区分得较清楚。

（3）随着学习者汉语水平提高，卷舌声母标准变体数量逐步增加，非标准变体数量逐步减少。这主要是因为零加级、初级汉语水平的学习者还处于扩散模式“习得阶段”，舌尖后音习得很不稳定，学习者较频繁交替使用多个变体。到中级阶段，非标准变体数量减少，标准变体逐步扩散。舌尖前音这一类变体在该阶段消失，出现了某一非标准变体完全被标准变体取代的现象，学习者进入扩散模式“替代阶段”。

7.4.4　二语辅音变异研究对二语语音教学的启示

从本研究可以得出以下结论：

（1）日语母语者习得普通话 zh、ch、sh 过程中存在语音变异。表现为：把舌尖后音发成舌尖前音、舌叶音、舌面前音；出现了一组既不存在于母语也不存在于目的语中的中介语过渡音；zh、ch、sh 三者之间互为变体。

（2）日语母语者习得普通话舌尖后音的语音变异在一定程度上受到语言语境影响。舌尖后音习得与后接元音之间存在一定关系，后接元音/i/对习得有消极影响。送气声母 ch 是习得难点，后接元音/i/、/u/不利于学习者发送气音。

（3）日语母语者习得普通话舌尖后音的语音变异在一定程度上受到情景语境影响。学习者在监控较好的情景语境下，zh、sh 发音正确率高；ch 因习得难度大而没有受到情景语境影响。

（4）日语母语者舌尖后音语音变异也具有一定的非系统性，

习得过程中存在自由变异。在不同习得阶段，舌尖后音自由变体隐现的方式和程度不同。

上述结论对于汉语作为第二语言的语音教学具有一定意义：

（1）日语母语者习得普通话卷舌声母时，受到汉语拼音方案符号干扰，学习者将舌尖后元音/ʅ/和舌面高元音/i/混淆，尤其是干扰了刚开始语音习得的学习者。为避免这种混淆，可在教学之初将拼音方案的三组音分开标写、分开教学，即 zh－/ʅ/，ch－/ʅ/，sh－/ʅ/；z－/ɿ/，c－/ɿ/，s－/ɿ/；j－/i/，q－/i/，x－/i/。汉语拼音方案将/ʅ/、/ɿ/、/i/合为 i，在一定程度上干扰了第二语言学习者的汉语语音习得。

（2）第二语言学习者的中介语语音产出会受到情景语境影响，因此教师应客观对待学习者在不同情景下的语音产出，用相应尺度来衡量。面对学习者的语音变异，语言教师应把它看作语音习得过程，以此来了解学习者不断变化的中介语语音。

（3）面向外国人的初级阶段汉语语音教学（拼音教学）应该是一种有意义的言语学习。

我们首先来看看汉族儿童的母语语音习得。汉族儿童在 6 岁入学之前，其母语口语已发展得比较完善，汉语拼音、汉字则在进入小学之后开始系统学习。汉族儿童的口语发展，是一种有意义的言语学习过程，是以符号表征学习、概念学习、命题学习为基础发展起来的。对于初学语言的汉族儿童来说，“māo”这个音原本没有意义，但在成人多次重复“māo”的声音刺激并与具体实物“猫”相对应联系后，儿童逐渐学会用“māo”来代表实际看得见的那种动物。这时，声音符号“māo”对儿童来说就获得了意义，儿童在“māo”与相应动物间建立起了联系。

再比如说，汉族儿童形成“叔叔”这个概念，首先要掌握男性这一本质特征，还要掌握“叔叔”与“父亲”关系中重要的年龄特征，即“叔叔”是“父亲”的弟弟而不是哥哥。在此认知过程中，儿童逐渐学会将声音符号“shūshu”与“父亲的弟弟”这一概念建立起联系。

儿童就这样逐步学会了一个个声音符号或一组组声音符号的意义，将特定的声音符号与它所代表的事物、概念和命题在认知结构中建立起相应的等值关系。当儿童口语发展完善后，系统的拼音学习对他们来说则相当轻松，因为他们已经会发这些音，知道这些音所代表的事物、概念和命题，他们要学的就只是在拼音字母与有意义的汉语发音之间建立联系。

以此来反观对外汉语初级阶段语音教学（主要指针对汉语为零起点的外国人所进行的拼音教学），相比之下则没有突出“有意义的言语学习”的重要特征。刚接触到汉语的成年外国人，大脑中已经建立了各种心理表征，他们急切地想知道这些心理表征如何用汉语说出来。可目前的汉语语音教学，把很多时间花在教授无意义的声母、韵母和音节上。外国人认拼音、读拼音、写拼音、辨认拼音间的细微差别，却不知道这些拼音代表的意义。外国人即使能发出“xiàng”这个音，却不知其义。这样无意义的言语学习过程，容易让学习者感到乏味疲劳，学习遗忘率高。

对此，我们提出，对外汉语初级阶段语音教学（拼音教学）应该是一种有意义的言语学习过程，主要任务之一就是帮助学习者建立汉语发音与心理表征之间的联系。教师可选择一些简单的符号表征、概念表征、情境表征来教授汉语发音。学习者的任务是记住与心理表征相对应的汉语发音，并努力地发准这些音，同时学习汉语拼音的认读写规则。

以此来看，对外汉语初级阶段语音教学的时间也可不只局限于学习开始的头一个月，而是可以适当延长，在有意义的言语教学中让学生学会用汉语去表达各种心理表征，努力朝着说得标准的目标接近，同时逐渐掌握汉语拼音的认读写规则。

参考文献

［1］曹文：《汉语发音与纠音》，北京：北京大学出版社 2000 年版。

［2］曹文：《现代汉语语音答问》，北京：北京大学出版社 2010 年版。

［3］曹剑芬：《普通话 zh、ch、sh、r 的发音》，《浙江师范学院学报》1981 年第 3 期。

［4］陈娥：《泰国学生汉语习得中的语音偏误研究》，云南师范大学硕士学位论文，2006 年。

［5］陈嘉猷、鲍怀翘：《基于 EPG 的普通话塞音、塞擦音发音过程研究》，《第六届全国现代语音学学术会议论文集》，北京：中国中文信息学会 2003 年电子版。

［6］陈晨：《语音偏误标记与语音对比——谈泰国学生语音习得问题》，《云南师范大学学报》（对外汉语教学与研究版）2008 年第 2 期。

［7］蔡整莹、曹文：《泰国学生汉语语音偏误分析》，《世界汉语教学》2002 年第 2 期。

［8］迟立忠：《儿童语音获得理论简述》，《心理发展与教育》1997 年第 3 期。

［9］傅增有：《泰语三百句》，北京：北京大学出版社 1996 年版。

［10］［苏］L. A. Chistovich、［日］Fujisaki 著，林茂灿译：《言语产生与言语知觉之间的关系》，《国外语言学》1986 年第

2 期。

［11］龚群虎：《汉泰关系词的时间层次》，上海：复旦大学出版社 2002 年版。

［12］国际语音学会著，江荻译：《国际语音学会手册：国际音标使用指南》，上海：上海教育出版社 2008 年版。

［13］国家对外汉语教学领导小组办公室汉语水平考试部编：《汉语水平词汇与汉字等级大纲》，北京：北京语言学院出版社 1992 年版。

［14］黄进炎、林秀梅：《实用泰语教程》，广州：世界图书出版公司 2003 年版。

［15］韩劢、莫雷：《分类研究中的原型与样例观》，《心理学探新》2000 年第 2 期。

［16］何漓：《崇左壮语与泰语的声母比较研究》，广西民族大学硕士学位论文，2007 年。

［17］何平：《谈对日本学生的初级汉语语音教学》，《语言教学与研究》1997 年第 3 期。

［18］侯精一：《漫谈日本的中国语教学》，《语言教学与研究》1991 年第 1 期。

［19］吉娜、简启贤：《泰国学生初学汉语的偏误分析》，《云南师范大学学报》（对外汉语教学与研究版）2004 年第 3 期。

［20］靳洪刚：《语言获得理论研究》，北京：中国社会科学出版社 1997 年版。

［21］李嵬、祝华、［英］Dodd B.、姜涛、彭聃龄、舒华：《说普通话儿童的语音习得》，《心理学报》2000 年第 2 期。

［22］李葆瑞：《论 z、c、s 和 zh、ch、sh、r》，《吉林师范大学学报》1959 年第 4 期。

［23］李红印：《泰国学生汉语学习的语音偏误》，《世界汉语教学》1995 年第 2 期。

［24］李宇明：《1～120天婴儿发音研究》，《心理科学》1991年第5期。

［25］李怀墉：《日语语音答问》，北京：商务印书馆1996年版。

［26］梁敏、张均如：《侗台语族概论》，北京：中国社会科学出版社1996年版。

［27］林焘、王理嘉：《语音学教程》，北京：北京大学出版社1992年版。

［28］刘文理、杨玉芳、伊廷伟：《婴儿期母语音位范畴习得：来自言语知觉的证据》，《心理科学进展》2008年第1期。

［29］罗常培、王均：《普通语音学纲要》（修订本），北京：商务印书馆2002年版。

［30］［美］拉波夫：《拉波夫语言学自选集》，北京：北京语言大学出版社2001年版。

［31］卢居正、邱苏华：《基础泰语》（第一册），北京：外语教学与研究出版社2007年版。

［32］吕士楠、张家騄、齐士钤：《汉语辅音知觉混淆研究中的多维标度方法》，《声学学报》（中文版）1981年第6期。

［33］马学良：《汉藏语概论》，北京：民族出版社2003年版。

［34］莫雷、常建芳：《类别特征的相似性与竞争性对归类的影响》，《心理学报》2003年第5期。

［35］［英］M. W. 艾森克、M. T. 基恩，高定国等译：《认知心理学》（第四版），上海：华东师范大学出版社2003年版。

［36］潘德鼎：《泰语教程》（第一册），北京：北京大学出版社2005年版。

［37］房英、杨万洁：《泰语语音》，北京：民族出版社2004年版。

［38］房英、杨万洁：《新编泰语语音教程》，昆明：云南人民出版社 2010 年版。

［39］齐士钤、张家騄：《汉语普通话辅音音长分析》，《声学学报》1982 年第 1 期。

［40］冉启斌：《从音长论普通话舌尖后塞擦音声母的性质》，《汉语学报》2007 年第 3 期。

［41］素香：《教泰国学生说华语》，《当代人》2005 年第 8 期。

［42］孙汉萍：《汉、泰语的同异性比较》，《湘潭师范学院学报》1995 年第 2 期。

［43］司玉英：《普通话儿童语音习得的个案研究》，《当代语言学》2006 年第 1 期。

［44］王建勤：《“不”和“没”否定结构的习得过程》，《世界汉语教学》1997 年第 3 期。

［45］王理嘉：《音系学基础》，北京：语文出版社 1991 年版。

［46］王士元：《语言、语音和技术》，北京：商务印书馆 2006 年版。

［47］王志芳：《日本学生汉语学习中的语音问题》，《汉语学习》1999 年第 2 期。

［48］王韫佳：《韩国日本学生感知汉语普通话高元音的初步考察》，《语言教学与研究》2001 年第 6 期。

［49］王韫佳：《日本学习者感知和产生普通话鼻音韵母的实验研究》，《世界汉语教学》2002 年第 2 期。

［50］王韫佳、上官雪娜：《日本学习者对汉语普通话不送气/送气辅音的加工》，《世界汉语教学》2004 年第 3 期。

［51］魏清：《汉泰语相关词中的社会称谓语》，《云南师范大学学报》（对外汉语教学与研究版）2005 年第 4 期。

[52] 吴宗济：《汉语普通话单音节语图册》，北京：中国社会科学出版社 1986 年版。

[53] 吴宗济：《吴宗济语言学论文集》，北京：商务印书馆 2004 年版。

[54] 吴宗济、林茂灿：《实验语言学概要》，北京：高等教育出版社 1989 年版。

[55] 伍文义：《布依语与泰国语的语音比较研究》，《贵州民族研究》1999 年第 1 期。

[56] 邬桂明：《汉泰语同源词比较——以人体器官名词为例》，《解放军外国语学院学报》2000 年第 3 期。

[57] 吴天敏、许政援：《初生到三岁儿童言语发展记录的初步分析》，《心理学报》1979 年第 2 期。

[58] 席洁、姜薇、张林军、舒华：《汉语语音范畴性知觉及其发展》，《心理学报》2009 年第 7 期。

[59] 徐世荣：《普通话语音知识》，北京：文字改革出版社 1980 年版。

[60] 杨玉芳：《辅音特征和声调识别中的耳优势》，《心理学报》1991 年第 2 期。

[61] 余维：《日、汉语音对比分析与汉语语音教学》，《语言教学与研究》1995 年第 4 期。

[62] 尹润芗：《怎样帮助留学生发音和正音》，《世界汉语教学》1985 年第 2 期。

[63] 袁博平：Variability and Systematicity in the Performance of the Four Chinese Tones by English SLA Learners of Chinese，《世界汉语教学》1985 年第 1 期。

[64] 张家騄、齐士钤、吕士楠：《汉语辅音知觉结构初探》，《心理学报》1981 年第 1 期。

[65] 张林军：《知觉训练和日本留学生汉语辅音送气/不送

气特征的习得》，《语言教学与研究》2009 年第 4 期。

[66] 张林军：《知觉训练和日本留学生汉语送气/不送气音的范畴化感知》，《世界汉语教学》2009 年第 4 期。

[67] 张林军：《知觉训练在第二语言语音习得中的作用——兼论对外汉语的语音习得和教学研究》，《云南师范大学学报》（对外汉语教学与研究版）2010 年第 1 期。

[68] 周殿福：《国际音标自学手册》，北京：商务印书馆 1985 年版。

[69] 周兢：《汉语儿童的前语言现象》，《南京师范大学学报》（社会科学版）1994 年第 1 期。

[70] 朱川：《汉日语音对比实验研究》，《语言教学与研究》1981 年第 4 期。

[71] 朱川：《外国学生汉语语音学习对策》，北京：语文出版社 1997 年版。

[72] Aoyama, K. , Flege, J. E. , Guion, S. G. , Akahane - Yamada, R. & Yamada, T. Perceived phonetic dissimilarity and L2 speech learning: The case of Japanese /r/ and English /l/ and /r/. *Journal of Phonetics*, 2004, Vol. 32, pp. 233 - 250.

[73] Beddor, P. S. & Gottfried, T. L. Methodological issues in cross-language speech perception research with adults. In W. Strange (Ed.). *Speech Perception and Linguistic Experience: Issues in Cross-language Research*. Timonium, MD: York Press, 1995. pp. 207 - 232.

[74] Beebe, L. Sociolinguistic variation and style-shifting in second language acquisition. *language Learning*, 1980, Vol. 30, pp. 433 - 447.

[75] Best, C. T. & Strange, W. Effects of phonological and phonetic factors on cross-language perception of approximants. *Journal of Phonetics*, 1992, Vol. 20, pp. 305 - 330.

[76] Best, C. T. A direct realist view of cross-language speech. In

W. Strange (Ed.). *Speech Perception and Linguistic Experience: Issues in Cross-language Research*. Timonium, MD: York Press, 1995. pp. 171 – 204.

[77] Best, C. T. & Strange, W. Effects of phonological and phonetic factors on cross-language perception of approximants. *Journal of Phonetics*, 1992, Vol. 20, pp. 305 – 330.

[78] Best, C. T., Faber, A. & Levitt, A. Assimilation of non-native vowel contrasts to the American English vowel system. *Journal of the Acoustical Society of America*, 1996, Vol. 99, p. 2602 (abstract).

[79] Best, C. T., McRoberts, G. W. & Goodell, E. Discrimination of non-native consonant contrasts varing in perceptual assimilation to the listener's native phonological system. *Journal of the Acoustical Society of America*, 2001, Vol. 109, pp. 775 – 794.

[80] Best, C. T., McRoberts, G. W. & LaFleur. R, et al. Divergent developmental patterns for infants'perception of two nonnative consonant contrasts. *Infant Behavior and Development*, 1995, Vol. 18, pp. 339 – 350.

[81] Best, C. T., McRoberts, G. W. & Sithole, N. M. Examination of perceptual reorganization for non-native speech contrasts: Zulu click discrimination by English-speaking adults and infants. *Journal of Experimental Psychology: Human Perception and Performance*, 1988, Vol. 14, pp. 345 – 360.

[82] Bohn, O. – S. &Flege, J. E. The production of new and similar vowels by adult German learners of English. *Studies in Second Language Acquisition*, 1992, Vol. 14, pp. 131 – 158.

[83] Borden, G., Gerber, A. &Milsark, G. Production and perception of the /r/ – /l/ contrast in Korean adults learning English. *Language and Learning*, 1983, Vol. 33, pp. 499 – 526.

[84] Bornstein, M. H., Kessen, W. & Weiskopf, S. Color vision and hue categorization in young human infants. *Journal of Experimental Psychology:*

Human Perception and Performance, 1976, Vol. 2, pp. 115 – 129.

[85] Bradlow, A., Pisoni, D. B., Akahane-Yamada, R. & Tohkura, Y. Training Japanese listeners to identify English /r/ and /l/: IV. some effects of perceptual learning on speech production. *Journal of the Acoustical Society of America*, 1997, Vol. 101, pp. 2299 – 2310.

[86] Burnham, D. H. Developmental loss of speech perception: Exposure to and experience with a first language. *Applied Psycholinguistics*, 1986, Vol. 7, pp. 207 – 240.

[87] Cebrian, J. Experience and the use of non – native duration in L2 vowel categorization. *Journal of Phonetics*, 2006, Vol. 34, pp. 372 – 387.

[88] Cole, R. A. Listening for mispronunciations: A measure of what we hear during speech. *Perception and Psychophysics*, 1973, Vol. 13, pp. 153 – 156.

[89] Cutler, A. & Otake, T. Mora or phoneme? Further evidence for language – specific listening. *Journal of Memory and Language*, 1994, Vol. 33, pp. 824 – 844.

[90] Dickerson, L. The learner's interlanguage as a system of variable rules. *TESOL Quarterly*, 1975, Vol. 9, pp. 401 – 407.

[91] Dubno, J. R. & Levitt, H. Predicting consonant confusions from acoustic analysis. *Journal of the Acoustical Society of America*, 1981, Vol. 69, pp. 249 – 261.

[92] Eimas, P. D. Auditory and phonetic coding of the cues for speech: Discrimination of the [r-l] distinction by young infants. *Perception and Psychophysics*, 1975, Vol. 18, pp. 341 – 347.

[93] Eimas, P. D. & Corbit, J. D. Selective adaptation of linguistic feature detectors. *Cognitive Psychology*, 1973, Vol. 4, pp. 99 – 109.

[94] Eimas, P. D., Siqueland, E. R., Jusczyk, P. & Vigorito, J. Speech perception in infants. *Science*, 1971, Vol. 171, pp. 303 – 306.

[95] Ellis, R. Sources of variability in interlanguage. *Applied Linguistics*, 1985, Vol. 6, pp. 118 – 131.

[96] Ellis, R. The effects of linguistic environment on the second language acquisition of grammatical rules. *Applied Linguistics*, 1988, Vol. 9, pp. 257 – 274.

[97] Ellis, R. *The Study of Second Language Acquisition*. Oxford: Oxford University Press, 1994. ([美] R. 埃利斯: «第二语言习得研究», 上海: 上海外语教育出版社, 1999 年引进版.)

[98] Escudero, P., Benders, T. & Lipski, S. C. Native, non – native and L2 perceptual cue weighting for Dutch vowels: The case of Dutch, German, and Spanish listeners. *Journal of Phonetics*, 2009, Vol. 37, pp. 452 – 465.

[99] Flege, J. E. & Fletcher, K. L. Talker and listener effects on degree of perceived foreign accent. *Journal of the Acoustical Society of America*, 1992, Vol. 91, pp. 370 – 389.

[100] Flege, J. E. & Port, R. Cross – language phonetic interference: Arabic to English. *Language and Speech,* 1981, Vol. 24, pp. 125 – 146.

[101] Flege, J. E. The production of "new" and "similar" phones in a foreign language: Evidence for the effect of equivalence classification. *Journal of Phonetics*, 1987, Vol. 15, pp. 47 – 65.

[102] Flege, J. E. Chinese subjects' perception of the word – final English /t/ – /d/ contrast: Performance before and after training. *Journal of the Acoustical Society of America*, 1989, Vol. 86, pp. 1684 – 1697.

[103] Flege, J. E. Second language speech learning: Theory, findings, and problems. In W. Strange (Ed.). *Speech Perception and Linguistic Experience: Issues in Cross-language Research.* Timonium, MD: York Press, 1995. pp. 233 – 277.

[104] Flege, J. E., Bohn, O. – S. & Jang, S. Effects of experience

on non-native speakers' production and perception of English vowels. *Journal of Phonetics*, 1997, Vol. 25, pp. 437 –470.

[105] Flege, J. E. , MacKay, I. R. A. & Meador, D. Native Italian speakers' perception and production of English vowels. *Journal of the Acoustical Society of America*, 1999, Vol. 106, pp. 2973 –2987.

[106] Flege, J. E. , Munro, M. J. & MacKay, I. R. A. Effects of age of second language learning on the production of English consonants. *Speech Communication*, 1995a, Vol. 16, pp. 1 –26.

[107] Flege, J. E. , Munro, M. J. & MacKay, I. R. A. Factors affecting degree of perceived foreign accent in a second language. *Journal of the Acoustical Society of America*, 1995b, Vol. 97, pp. 3125 –3134.

[108] Flege, J. E. , Takagi, N. & Mann, V. Lexical familiarity and English – language experience affect Japanese adults' perception of /r/ and /l/. *Journal of the Acoustical Society of America*, 1996, Vol. 99, pp. 1161 –1173.

[109] Gatbonton, E. Patterned phonetic variability in second language speech: A gradual diffusion model. *Canadian Modern Language Review*, 1978, Vol. 34, pp. 335 –347.

[110] Gelfand, S. A. , Piper, N. & Silman, S. Consonant recognition in quiet as a function of aging among normal hearing subjects. *Journal of the Acoustical Society of America*, 1985, Vol. 78, pp. 1198 –1205.

[111] Golestani, N. & Zatorre, R. Individual differences in the acquisition of second language phonology. *Brain and Language*, 2008, Vol. 109, pp. 55 –67.

[112] Gottfried, T. L. Effects of consonant context on the perception of French vowels. *Journal of Phonetics*, 1984, Vol. 12, pp. 91 –114.

[113] Guion, S. G. , Flege, J. E. , Akahane – Yamada, R. & Pruitt,

J. C. An investigation of current models of second language speech perception: The case of Japanese adults' perception of English consonants. *Journal of the Acoustical Society of America*, 2000, Vol. 107, pp. 2711 – 2724.

[114] Hardison, D. Bimodal speech perception by native and non-native speakers of English: Factors influencing the McGurk Effect. *Language Learning*, 1999, Vol. 49, pp. 213 – 283.

[115] Hardison, D. Acquisition of second – language speech: Effects of visual cues, context and talker variability. *Applied Psycholinguistics*, 2003, Vol. 24, pp. 495 – 522.

[116] Hazan, V., Sennema, A., Iba, M. & Faulkner, A. Effects of audiovisual perceptual training on the perception and production of consonants by Japanese learners of English. *Speech Communication*, 2005, Vol. 47, pp. 360 – 378.

[117] Ingram, J. & Park, S. – G. Cross-language vowel perception and production by Japanese and Korean learners of English. *Journal of Phonetics*, 1997, Vol. 25, pp. 343 – 370.

[118] Ingram, J. C. & Park, S. – G. Language, context, and speaker effects in identification and discrimination of English /r/ and /l/ by Japanese and Korean listeners. *Journal of the Acoustical Society of America*, 1998, Vol. 103, pp. 1161 – 1174.

[119] Iverson, P., Hazan, V. & Bannister, K. Phonetic training with acoustic cue manipulations: A comparison of methods for teaching English /l/ – /r/ to Japanese adults. *Journal of the Acoustic Society of America*, 2005, Vol. 118, pp. 3267 – 3278.

[120] Iverson, P., Kuhl, P. K., Akahane – Yamada, R., Diesch, E., Tohkura, Y., Kettermann, A. & Siebert, C. A perceptual interference account of acquisition difficulties for nonnative

phonemes. *Cognition*, 2003, Vol. 87, pp. B47 – B57.

[121] Jusczyk, P. From general to language – specific capacities: The WRAPSA model of how speech perception develops. *Journal of Phonetics*, 1993, Vol. 21, pp. 3 –28.

[122] Kaplan, E. & Kaplan, G. The prelinguistic child. In J. Eliot (Ed.) . *Development and Cognitive Processes*. New York: Holt, Rinehart, Winston, 1971. pp. 358 –381.

[123] Kenstowicz, M. & Suchato, A. Issues in loanword adaptation: A case study from Thai. *Lingua*, 2006, Vol. 116, pp. 921 –949.

[124] Kuhl, P. K. Auditory perception and the evolution of speech. *Human Evolution*, 1988, Vol. 3, pp. 19 –43.

[125] Kuhl, P. K. Human adults and human infants show a "perceptual magnet effect" for the prototypes of speech categories, monkeys do not. *Perception and Psychophysics*, 1991, Vol. 50, pp. 93 –107.

[126] Kuhl, P. K. , Stevens, E. , Hayashi, A. , Deguchi, T. , Kiritani, S. , et al. Infants show facilitation for native language phonetic perception between 6 and 12 months. *Developmental Science*, 2006, Vol. 9, pp. 13 –21.

[127] Kuhl, P. K. , Williams, K. A. , Lacerda, F. , Stevens, K. N. & Lindblom, B. Linguistic experience alters phonetic perception in infants by 6 months of age. *Science*, 1992, Vol. 255, pp. 606 –608.

[128] Levy, E. S. & Strange, W. Perception of French vowels by American English adults with and without French language experience. *Journal of Phonetics*, 2008, Vol. 36, pp. 141 –157.

[129] Liberman, A. M. , Harris, K. S. , Hoffman, H. S. & Griffith, B. C. The discrimination of speech sounds within and across phoneme boundaries. *Journal of Experimental Psychology*, 1957, Vol. 54, pp. 358 –368.

[130] Lively, S. C. , Logan, J. S. & Pisoni, D. B. Training Japanese

listeners to identify English /r/ and /l/. Ⅱ: The role of phonetic environment and talker variability in learning new perceptual categories. *Journal of the Acoustical Society of America*, 1993, Vol. 94, pp. 1242 – 1255.

[131] Logan, J. S., Lively, S. E. & Pisoni, D. B. Training Japanese listeners to identify English /r/ and /l/: A first report. *Journal of the Acoustical Society of America*, 1991, Vol. 89, pp. 874 – 886.

[132] Mack, M. Consonant and vowel perception and production: Early English – French bilinguals and English monolinguals. *Perception and Psychophysics*, 1989, Vol. 46, pp. 187 – 200.

[133] MacKay, I. R. A., Flege, J. E., Piske, T. & Schirru, C. Category restructuring during second-language speech acquisition. *Journal of the Acoustical Society of America*, 2001, Vol. 110, pp. 516 – 528.

[134] Major, R. C. Interlanguage phonetics and phonology: An introduction. *Studies in Second Language Acquisition*, 1998, Vol. 20, pp. 131 – 137.

[135] McClelland, J., Fiez, J. A. & McCandliss, B. D. Teaching the /r/ – /l/ discrimination to Japanese adults: Behavioral and neural aspects. *Physiology & Behavior*, 2002, Vol. 77, pp. 657 – 662.

[136] Mochizuki, M. The identification of /r/ and /l/ in natural and synthesized speech. *Journal of Phonetics*, 1981, Vol. 9, pp. 283 – 303.

[137] Mowrer, D. E. & Burger, S. A comparative analysis of phonological acquisition of consonants in the speech of 21/2 – 6-Year-Old Xhosa and English – Speaking Children. *Clinical Linguistics & Phonetics*, 1991, Vol. 5, pp. 139 – 164.

[138] Munro, M. J., Flege, J. E. & MacKay, I. R. A. The effects of age of second language learning on the production of English vowels. *Applied Psycholinguistics*, 1996, Vol. 17, pp. 313 – 334.

[139] Nosofsky, R. M. Attention, similarity, and the identification-categorization relationship. *Journal of Experimental Psychology: General*, 1986, Vol. 115, pp. 39 –57.

[140] Peters, R. W. Dimensions of perception for consonants. *Journal of the Acoustical Society of America*, 1963, Vol. 35, pp. 1985 –1989.

[141] Polka, L. Cross-language speech perception in adults: Phonemic, phonetic, and acoustic contribution. *Journal of the Acoustical Society of America*, 1991, Vol. 89, pp. 2961 –2977.

[142] Polka, L. Linguistic influence in adults perception of non-native vowel contrasts. *Journal of the Acoustical Society of America*, 1995, Vol. 97, pp. 1286 –1296.

[143] Polka, L., Colantonio, C. & Sundara, M. A cross-language comparison of /d/ –/ð/ perception: Evidence for a new developmental pattern. *Journal of the Acoustical Society of America*, 2001, Vol. 109, pp. 2190 –2201.

[144] Polka, L., & Werker, J. F. Developmental change in perception of non-native vowel contrasts. *Journal of Experimental Psychology: Human Perception and Performance*, 1994, Vol. 20, pp. 421 –435.

[145] Rochet, B. L. Perception and production of second – language speech sounds by adults. In W. Strange (Ed.). *Speech Perception and Linguistic Experience: Issues in Cross-language Research*. Timonium, MD: York Press, 1995. pp. 379 –410.

[146] Samuel, A. G. Phonetic prototypes. *Perception and Psychophysics*, 1982, Vol. 31, pp. 307 –314.

[147] Schmidt, A. Cross-language identification of consonants. Part 1. Korean perception of English. *Journal of the Acoustical Society of America*, 1996, Vol. 99, pp. 3201 –3211.

[148] Sheldon, A. & Strange, W. The acquisition of /r/ and /l/ by Japanese learners of English: Evidence that speech production can precede speech perception. *Applied Psycholinguistics*, 1982, Vol. 3, pp. 243 – 261.

[149] Snow, K. A detailed analysis of articulation responses of "normal" first grade children. *Journal of Speech and Hearing Research*, 1963, Vol. 6, pp. 277 – 290.

[150] So, L. K. H. & Dodd, B. J. The acquisition of phonology by cantonese – speaking children. *Journal of Child Language*, 1995, Vol. 22, pp. 473 – 495.

[151] Stevens, K. N., Liberman, A. M. Studdert – Kennedy, M. & öhman, S. E. Cross language study of vowel perception. *Language and Speech*, 1969, Vol. 12, pp. 1 – 23.

[152] Strange, W. & Dittmann, S. Effects of discrimination training on the perception of /r/ – /l/ by Japanese adults learning English. *Perception and Psychophysics*, 1984, Vol. 36, pp. 131 – 145.

[153] Strange, W., Akahane-Yamada, R., Kubo, R., Trent, S., Nishi, K. & Jenkins, J. J. Perceptual assimilation of American English vowels by Japanese listeners. *Journal of Phonetics*, 1998, Vol. 26, pp. 311 – 344.

[154] Strange, W., Bohn, O. – S., Nishi, K. & Trent, S. A. Contextual variation in the acoustic and perceptual similarity of North German and American English vowels. *Journal of the Acoustical Society of America*, 2005, Vol. 118, pp. 1751 – 1762.

[155] Streeter, L. A. Language experience of two-month-old infants shows effects of both innate mechanisms and experience. *Nature*, 1976, Vol. 259, pp. 39 – 41.

[156] Studdert-Kennedy, M. & Shankweiler, D. Hemispheric

specialization for speech perception. *Journal of the Acoustical Society of America*, 1970, Vol. 48, pp. 579 – 594.

[157] Susana, L. O. &Pilar, G. Acquisition, learning, or development of language? Skinner's " verbal behavior" revisited. *The Spanish Journal of Psychology*, 2004, Vol. 7, pp. 161 – 170.

[158] Takagi, N. *Perception of American English /r/ and /l/ by adult Japanese Learners of English: A Unified View*. Ph. D. Dissertation, University of California, Irvine, 1993.

[159] Tarone, E. Systematicity and attention in interlanguage. *Language Learning*, 1982, Vol. 32, pp. 69 – 83.

[160] Tarone, E. On the variability of interlanguage systems. *Applied Linguistics,* 1983, Vol. 4, pp. 142 – 163.

[161] Tarone, E. Variability in interlanguage use: A study of style-shifting in morphology and syntax. *Language Learning*, 1985, Vol. 35, pp. 373 – 403.

[162] Tsukada, K. , Birdsong, D. , Bialystok, E. , Mack, M. , Sung, H. & Flege, J. A development study of English vowel production and perception by native Korean adults and children. *Journal of Phonetics*, 2005, Vol. 33, pp. 263 – 290.

[163] Werker, J. F. & Lalonde, C. E. Cross-language speech perception: Initial capabilities and developmental change. *Developmental Psychology*, 1988, Vol. 24, pp. 672 – 683.

[164] Werker, J. F. & Tees, R. C. Cross-language speech perception: Evidence for perceptual reorganization during the first year of life. *Infant Behavior and Development*, 1984, Vol. 7, pp. 49 – 63.

[165] Werker, J. F. , Gilbert, J. H. V. , Humphrey, K. & Tees, R. C. Developmental aspects of cross-language speech perception. *Child Development*, 1981, Vol. 52, pp. 349 – 355.

[166] Whalen, D. H., Best, C. T. & Irwin, J. R. Lexical effects in the perception and production of American English /p/ allophones. *Journal of Phonetics*, 1997, Vol. 25, pp. 421 – 436.

附　录

附录1　泰语母语者汉语塞擦音和擦音知觉同化实验测试卷样卷

听音。听第一遍，请选择与所听到音节中的辅音相近的泰语辅音。听第二遍，请评估所听到辅音与所选择泰语辅音之间的相似度：A. “完全一样”，B. “非常像”，C. “有一些像”，D. “有一点像”，E. “不像”。

โปรดฟังเสียงจากเทปสองรอบ　　รอบแรกให้เลือกพยัญชนะที่ใกล้เคียงกับเสียงที่ได้ยิน ในการฟังรอบที่สองให้เลือกระดับความใกล้เคียงของเสียงที่ท่านเลือกและเสียงจากเทป .

1. จ、ฉ、ช、ส、ซ、ร、ล

   A. 完全一样 **เหมือนมากๆ**　　B. 非常像 **เหมือนมาก**

   C. 有一些像 **ค่อนข้างเหมือน**　　D. 有一点像 **เหมือนนิดหน่อย**

   E. 不像 **ไม่เหมือนเลย**

2. จ、ฉ、ช、ส、ซ、ร、ล

   A. 完全一样 **เหมือนมากๆ**　　B. 非常像 **เหมือนมาก**

   C. 有一些像 **ค่อนข้างเหมือน**　　D. 有一点像 **เหมือนนิดหน่อย**

   E. 不像 **ไม่เหมือนเลย**

3. จ、ฉ、ช、ส、ซ、ร、ล

   A. 完全一样 **เหมือนมากๆ**　　B. 非常像 **เหมือนมาก**

C. 有一些像 ค่อนข้างเหมือน　　D. 有一点像 เหมือนนิดหน่อย

E. 不像 ไม่เหมือนเลย

4. จ、ฉ、ช、ส、ซ、ร、ล

A. 完全一样 เหมือนมากๆ　　B. 非常像 เหมือนมาก

C. 有一些像 ค่อนข้างเหมือน　　D. 有一点像 เหมือนนิดหน่อย

E. 不像 ไม่เหมือนเลย

5. จ、ฉ、ช、ส、ซ、ร、ล

A. 完全一样 เหมือนมากๆ　　B. 非常像 เหมือนมาก

C. 有一些像 ค่อนข้างเหมือน　　D. 有一点像 เหมือนนิดหน่อย

E. 不像 ไม่เหมือนเลย

6. จ、ฉ、ช、ส、ซ、ร、ล

A. 完全一样 เหมือนมากๆ　　B. 非常像 เหมือนมาก

C. 有一些像 ค่อนข้างเหมือน　　D. 有一点像 เหมือนนิดหน่อย

E. 不像 ไม่เหมือนเลย

7. จ、ฉ、ช、ส、ซ、ร、ล

A. 完全一样 เหมือนมากๆ　　B. 非常像 เหมือนมาก

C. 有一些像 ค่อนข้างเหมือน　　D. 有一点像 เหมือนนิดหน่อย

E. 不像 ไม่เหมือนเลย

8. จ、ฉ、ช、ส、ซ、ร、ล

A. 完全一样 เหมือนมากๆ　　B. 非常像 เหมือนมาก

C. 有一些像 ค่อนข้างเหมือน　　D. 有一点像 เหมือนนิดหน่อย

E. 不像 ไม่เหมือนเลย

附录2　泰语母语者汉语塞擦音和擦音知觉区分实验测试卷样卷

听音，每次听三个音，三个音分别由三名发音人发出。若三个音节中辅音相同请选择“都一样”，例如“zhā zhā zhā”。若三个音节中的辅音有一个与其他两个不一样，请选出该音，例如听到“zhā zhā zhā”则请选择“都一样”；听到“cā chā chā”则请选择“第1个”。

ฟังความแตกกต่างของเสียงจากเทป ในเทปจะมีเสียงชายสามคนออกเสียงพินอิน จากนั้นให้วิเคราะห์ว่าช
าชายทั้งสามออกเสียงเหมือนกันหรือไม่เช่น หากได้ยินเป็น “zhā zhā zhā”
ก็ให้เลือกกาในช่อง เหมือนมากๆแต่หากนักเรียนคิดว่าไม่เหมือน เช่น “ cā chā chā ”
ก็ให้เลือกกาในช่อง คนที่1ออกเสียงไม่เหมือนพวก เป็นต้น

1.	第1个	第2个	第3个	都一样
2.	第1个	第2个	第3个	都一样
3.	第1个	第2个	第3个	都一样
4.	第1个	第2个	第3个	都一样
5.	第1个	第2个	第3个	都一样
6.	第1个	第2个	第3个	都一样
7.	第1个	第2个	第3个	都一样
8.	第1个	第2个	第3个	都一样
9.	第1个	第2个	第3个	都一样
10.	第1个	第2个	第3个	都一样
11.	第1个	第2个	第3个	都一样
12.	第1个	第2个	第3个	都一样
13.	第1个	第2个	第3个	都一样
14.	第1个	第2个	第3个	都一样

15. 第1个　　第2个　　第3个　　都一样
16. 第1个　　第2个　　第3个　　都一样
17. 第1个　　第2个　　第3个　　都一样
18. 第1个　　第2个　　第3个　　都一样
19. 第1个　　第2个　　第3个　　都一样
20. 第1个　　第2个　　第3个　　都一样
21. 第1个　　第2个　　第3个　　都一样
22. 第1个　　第2个　　第3个　　都一样
23. 第1个　　第2个　　第3个　　都一样
24. 第1个　　第2个　　第3个　　都一样

附录3 泰语母语者汉语塞擦音和擦音产生实验所用字表

1	lā 拉	21	shā 杀	41	tī 梯
2	sǐ 死	22	lè 乐	42	rè 热
3	zī 姿	23	xú 徐	43	zǐ 子
4	bī 逼	24	dī 低	44	dí 敌
5	cā 擦	25	bā 八	45	chī 吃
6	shī 失	26	zá 杂	46	tǎ 塔
7	xū 需	27	sǎ 洒	47	pā 趴
8	shí 十	28	dá 答	48	pí 皮
9	shá 啥	29	qī 七	49	xí 习
10	qū 区	30	sī 思	50	cí 雌
11	sā 仨	31	tí 提	51	zhī 只
12	zhí 直	32	rì 日	52	dā 搭
13	jí 急	33	tā 他	53	chá 茶
14	jū 居	34	rǔ 乳	54	cǎ 礤
15	pá 爬	35	lǎ 喇	55	cǐ 此
16	xī 西	36	jú 菊	56	lǐ 里
17	qí 齐	37	rú 如	57	pī 批
18	zā 匝	38	qú 渠	58	zhá 闸
19	bí 鼻	39	jī 鸡	59	chā 插
20	bá 拔	40	chí 迟	60	zhā 扎

印刷